U0503682

THE ADJUNCT
UNDERCLASS

HOW AMERICA'S COLLEGES
BETRAYED THEIR FACULTY,
THEIR STUDENTS,
AND THEIR MISSION

美国博士消亡史

学历之死

[美] 赫布·柴尔德里斯 著

杨益 译

上海人民出版社

我今年 35 岁，还可以去大学做教授吗

在大众对大学教师的通常想象当中，在大学里教书是一份让人羡慕的工作，稳定、受人尊敬，又有寒暑假，教授们有着独立的办公室，每年都可以到处讲课。但现实里的大学，果真如此吗？

我就有一位朋友，辛苦读完博士已经 34 岁，一心想进入高校成为大学教授，但找了一轮教职，却只找到博后的工作。在国内高校，34 岁的年龄意味着即将触碰到教职招聘 35 岁的年龄关卡。如果 34 岁去做 2 年的博后，博后出站后就意味着很难再在大学里找到合适的教职，唯一的选择，也许只能在学校里做一名兼职教师。

什么是兼职教师？兼职教师和正式教师、教授们又有什么区别？这种明明是无奈之下的选择，为什么还是会成为很多学者必经的职业道路？

对于现代教育而言，"大学"的理想目标及其现实困境

始终是学者们讨论的热点话题。在《学历之死：美国博士消亡史》一书中，作者赫布·柴尔德里斯就从非终身制大学教师的角度切入，描绘了即将入行的教师如何进入到不同层级的教育体系，为我们展现出大学这座象牙塔中的金字塔结构。

"临时教师"具体包括以下身份的教职人员：兼职教师（adjunct faculty）、兼职讲师（part-time lecturer）、访问学者（visiting scholar）、博士后研究人员（postdoctoral fellow）、实践类教授（professor of the practice）、驻校艺术家（artist in residence）等。这些比例不小的临时教师，由于服从于"按需而定"的招聘制度，实际并未被容纳进大学正式的员工编制序列，而成为高校教育体系中的边缘群体。柴尔德里斯结合自己在高校兼职授课的经历，运用大量访谈与公开数据，锐利地指出了"临时教师"这份工作面对的困境。这种困境不止对兼职教师群体本身造成了难以解决的负面影响，还进一步困扰着参与到课堂中的学生、家长乃至整个教育体系。

在柴尔德里斯看来，兼职教师规模的扩大和按需而定宗旨的推广，实际上反映的是高等教育体系标准化运作这一现象，这也呈现出了教育的分层。在水平更低的学校中，兼职教师所占的比例也就越大，这些教师们通常应对的是阶层相对较低的学生，而这些学生和家长都缺乏对大学招生等专业知识的了解，这也就使得学校更能心安理得地招聘临时教师。那么，回到我们在开篇提及的那个问题上，在这样的大学当中，学生们能够获得什么？谁应该接受大学教育？大学是什么？大学教育又是什么？大学究竟应该秉持何种理念办学？为何高等教育体系中的师生面对着差异如此悬殊的未来？其内部的教师和学生又如何表现出阶层差异？

从横向比较来看，不同类型的高校面向的是不同家庭背景的学生，这就形成了差异极大的高校金字塔生态。秉行"开放式录取"原则的社区学院往往招收经济条件相对拮据、学习时长有限的学生，近四分之三的教师实际是兼职教师，教师难以向学生提供更多帮助和资源，社区学院中最终能够取得本科学位的学生比例极低；力图建设为综合性大学的州立大学主要招收中产阶级家庭的学生，并逐步发展硕士生、博士生教育，他们也采用部分兼职教师从事教学工作，但数量相对可控，试图将学生培养为具有基础能力的通才；知名文理学院则更像是传统理想中的"大学"形象，学费高、择优录取、选课灵活性强，招收家庭条件富裕的专业学生，以全职教师为主导的"导师制"持续为学生们提供着社会资源和关系网；以常春藤联盟为代表的顶尖高校则占据了金字塔的顶端，这些学校不开设职业技能类的专业，而是在培养富有领导力的学生，其中任教的终身制教师更注重科研任务，临时教师则被安排讲授大一的写作课或跨专业的数学课，且常常在教师名单中隐身。

从纵向结构上来看，临时教师群体通常无法保证长期聘用，缺乏稳定的课程排期，同时薪水偏低、不享受福利待遇，甚至有时不得不寻求公共援助。对于这一群体而言，"终身教职"成为一种终身的奋斗方向，但又难以真正获得这一身份。实际上，临时教师不仅在未来的职业道路上缺少希望，在现实的工作中也往往面临报酬不足、缺乏发言权、缺乏课程安排保障等问题。相比于终身制序列中的教师，非终身制的教师们在数量上并不算少，甚至仍在持续增加，但其数目始终是难以精确统计的，其名目称呼又相当繁杂，甚至难以联合起来。在这座等级金字塔当中，体系底端的助理教师每人提供最多的教学服务，其次是全职的非终身制教师，然后是兼职讲师，而提供教学服务最少的恰恰是全职的终身制教师，而他们又享有最高的薪资待遇。这一特点在大学低年级的基础课程、通识课、入门课和写作课程上体现得尤为明显。

这一按需而定的体系虽然使得诸多教师和学生的利益受损，但仍然维护了终身制教师、学校管理人员和第三方机构等主体的利益。终身制教职制度的基本理念是探索真理、自由研究，获得终身教职的教授们就此进入高校的安全港；学校管理人员主要负责筹集和分配各类资源，构成了内部有别于教研人员的生态体系，大量的会议和行业协会工作带来了各个学校管理方式和目标的同质化；第三方机构则指普通州立大学需要加入的各类专业协会，这些协会各有目标，由此影响着相关高校的教学设计和安排，形成了共生利益。

然而，如果从高等教育发展的长远角度切入，这一奉行按需而定的教师选拔方式几乎对所有群体都造成了负面影响：本科生难以获得充足的辅助资源，无法从临时教师处获得更稳定的支持，社区大学获得本科学位的学生比例难以提升。而在研究生应该从事的科研工作以外，部分学校需要启用大量博士研究生、博士后工作人员进行教学工作，这类"临时工"形式的工作方式还会给他们带来一种即将踏入学术圈的错觉，直到面对供过于求的就业市场，才发觉自己无法真正踏入高校的门槛。这种现象最终导致博士生对学术前途感到失望，纷纷各寻出路。前文提及的终身制教师也会受到师资安排的负面影响，难以达成自身的职业使命，而学校管理人员更需要面对巨大的超额工作压力。

柴尔德里斯认为，高等教育的使命应该是"一种更为系统性地提升智识水平的大学经历"，因此日趋标准化的按需而定式的师资安排更接近于对这种使命的破坏。有别于韦伯时代学者们对于学科理想的讨论和对内在精神的追求，本书提供的是工资、待遇、晋升空间等外在的参考内容，希望能为学生和预期走向学术道路的教师们提供有效的职业信息。这也展现出如今"大学"意涵与功能的明显转变——随着时代的变迁，大学所面对的问题逐渐与"以学术为志业"的理想脱钩，转向了对大学生就业与未来发展的现实讨论。

中国也同样面临着相似的情况。今年高考结束后，以高考志愿填报指导为主要方向的讨论十六次登上热搜，大学专业选择的话题几乎牵动着所有考生家长的心弦。在本科志愿填报上，就业导向确实是多数人的第一选择。正如柴尔德里斯所展现的美国临时教师与学生所遭遇的困境，我们今天所面临的"普通人手里的牌就是这么烂，除了精打细算还能做什么"的"功利主义"指南，也展现出了考生和家长们不得不面对的阶层分化现状——对于普通家庭而言，分数是报考学校与专业的基本条件，专业与就业密切相关，而就业与收入才是学子们寒窗苦读的朴实追求。

《学历之死：美国博士消亡史》所描述的美国大学在21世纪初发生的变化，实际上也是受到大环境中消费主义风潮的影响。从各行各业来看，生产的过程没有消费的过程轻松自如，消费者比制造者更能受到法律保护，生产过程中的工作者易于被替代，由此呈现出如下特点：工作时间延长。工作者被重新定义为独立承包商，设立准专业人员填充专业工作，外包非核心职能，用技术手段取代人力和空间。高校教师行业也顺应了按需而定的大环境，并在技术革新、行业竞争、人口结构变化的多重要素影响下发生改变，从业者必须要做好应对这种转型的准备。

从这本书中，我们能看到理想与现实的冲突、历史与当下的对比、高校与教师的博弈，也能看到这一行业曾经的幻梦落下帷幕，准备迎接前方的危机与挑战。

清华大学社会学系副教授　严飞

学历之死

目录

访谈保密性
声明

　　本书引用了我所采访的教职人员、博士后科研人员、在读研究生及院校行政人员的访谈原文。这些引文的结尾处以化名方式标明了他们的身份，比如："保罗，兼职教师（教龄10年）"或"文理学院系主任莫拉"。这么做是出于人身保护的考虑，如果披露他们的真实身份、学校类型或所在地区，他们原本艰难的工作生活恐怕会雪上加霜。化名的真实性只体现在其设定的性别，而与受访者原名的首字母缩写或假设的种族背景无关。

职业之死

我们是如何抛弃大学教师的呢？或者说，这一职业阶层是如何被系统地消除的呢？曾经身负重托，为培养干练自信的下一代画上点睛之笔的大学教师，却被认为不该享有工作保障和健康保险，也不该比便利店的员工获得更多报酬，为何会这样？

抛弃一种职业其实不难。

我们像抛弃全科医生那样抛弃了大学教师：异常丰厚的酬劳给了专科医生，却把绝大部分医护工作交给了准专业人员。

我们像抛弃出租车司机那样抛弃了大学教师：降低行业门槛，允许拥有最低资质、对收入不抱期许的任何人加盟。

我们像抛弃媒体撰稿人那样抛弃了大学教师：重新下定义——把作品改称"内容"，把作者改称"内容提供者"。

我们像抛弃本地汽车修理工那样抛弃了大学教师：行

业体系和规章制度复杂到必须依靠庞大的技师团队和专业设备。

我们像抛弃簿记员那样抛弃了大学教师：数十年不变的偏见，认为女性无法胜任；当她们入行后用事实证明女性也能做好时，这一职业就开始遭到贬低。

在我们当代的创新精神中，包含了这一信条：与其打败竞争对手，不如使其成为局外人。这与高等教育领域的见闻如出一辙。大学教师被打败了，但他们没有经历卓绝斗争，也并未分出孰胜孰负。一切不过是"重新下定义"，几番运作之后，大学教师成为校园里的局外人。而作为一种职业，它正以细微、隐秘但又明确的方式渐渐消亡。

第一章

宣传册不会
告诉你的事

1 　　一提起大学，我们不禁想到可以直面海上风暴的坚固
堡垒、知识灯塔。我们想起满是常春藤的校墙，想起花甲之
年、身披呢夹克的教授，他们俯望着办公室窗外古朴的校
园——新生正在那儿投掷飞盘。有了终身教授的坚守，这一
切成为永恒。正如对地产本身的投入，使校园得以矗立数十
年乃至数个世纪，成为当地历史最悠久的标志性建筑。橄榄
球场上，校队间的德比大战一如往昔：俄亥俄州立对抗密歇
根，伯克利对阵斯坦福，西点迎战海军，德克萨斯挑战俄克
拉荷马。一届又一届学子从这里匆匆经过，扮演了校园生活
里默默无闻的角色，而那些吉祥物、标志图案、听课席位和
师资团队却未曾改变。

　　如果大学真的未曾改变，我们会看到，在一个近乎成
熟的生态系统中，各种群落各自扮演可预期的角色。我们会
看到，学生乖乖待在宿舍，宿管员严格执行宵禁命令。我们
会看到，学术评议会（faculty senate）上，教师秉持"罗

伯特议事规则"的精神提出不同意见，反对"权力平衡"下代表"执法者"与"立法者"的院长、教务长和校长。我们会看到，那些默默无闻的奉献者——簿记员、场地管理员和厨师，为帮助大学顺利运行在幕后辛勤劳动。我们会看到，机智风趣的大二学生，在校刊上尽情展现诙谐笔触；还有那些充满创意的恶作剧和"混进"校园的啤酒桶，令辅导员和校警务长一边摇头一边叫绝。在某个早晨，不翼而飞的雕像（建校之父）会出现在校长的车位上，还被刷上了"劲敌"的标志色彩。

2

走马观花式的校园访问，让人产生一种时光穿梭的错觉——过去的美好再现，还能为当下所用。可一旦透过这层假象，我们会发现，这个生态系统和其中生存着的各种群落完全颠覆我们的想象。我们会发现，有些教师其实并不授课，而一些棒球教练才是教书的那群人。我们会发现，经济资助、奖学金、学制（全日制或非全日制）以及专业热门程度的差异，让学生缴纳的学费几乎各不相同。我们会发现，过去分别隶属于学生服务和学术服务的各项职能，现在共存于各种办公室：学生课外辅导中心、本科生科研项目、海外学习项目、女性学生服务中心、国际学生服务中心以及性少数群体（LGBTQ+）服务中心等。我们会发现，身边总是不乏那些令人费解、半独立的科研中心、组织机构和各类公共或私人合作项目。我们会发现，一大批刚刚转入或即将转出的本科生，在他们成绩单的交接过程中，招生人员的负担加重了；在配合其他学校进行课程设置的过程中，教职人员的负担也加重了。我们会发现，技术无处不在且不断更新换代。

如果询问身边的人，我们还会发现，有相当多的教职、科研人员其实并不是正式员工：

> 2009 年到 2013 年，我在大学里兼职教书。在某社区大学，我教的是大一研讨课和英语写作，每门 3 学分的课程，课时费为 3200 美元。课上会有10—15 名学生。在某私立大学（录取率较高的那种学校），我教的是《世界文学及写作（上）》，课时费为 2000 美元左右，课上最多会有 23 名学生。两所学校加起来，我每学期尽量上 6 门课，暑假再多上几门。

3

在明德学院作家会议（Middlebury Bread Loaf Writers' Conference）期间，海伦回应了我的帖子，表示愿意谈谈自己的兼职生涯。在空旷无人的休息区，她在我对面坐了下来。我们聊了20分钟。在谈话过程中，她仿佛重新经历了一遍刚刚过去的那几年，整个人不断往后蜷缩，身形变得越来越小。

那时我要完成大量的阅读。我已经结婚了，但还没有孩子。我丈夫是住院医师，所以他经常不在身边。我要开1个多小时车去这两所学校上课。人生地不熟，谁也不认识，丈夫又不能陪伴我。我开始做各种兼职：上课之余，我要帮一所顶尖院校筛选入学申请文书，要辅导学生功课，还要给一份不起眼的小报写稿子……我就这么东拼西凑打了好几份工。对我们家来说，这是一笔可观的收入，所以我真的得这么做。

我们不妨来解读一下这段话。海伦每学期给100多名学生上写作精读课，每周至少讲授4门完全不同的课程。

这意味着，她每周需要阅读和批改 100 多篇涵盖 4 种不同话题的论文。完成如此浩大的工作量，她至少得花 60 个小时，可能还远远不止——因为学期开始前要备课，学期结束后还要阅卷。最后，一个学期 15 周变成了"根本不作数"和"只作部分补偿"的 20 周。

海伦住的地方离其中一所学校有 50 英里，离位于另一个州的另一所学校有 60 英里，她的公寓刚好位于两者之间，离她丈夫工作的大学医院比较近。每所学校的每一门课，她一周都得上 3 次。学校排课并不顾及她的往来是否便利，如此一来，每周车程五六百英里，一学期 1 万英里也就不足为奇。

即使专业背景是英语，她也没机会把自己的想法融入教学，所有课程都是由别人根据她无从知晓的、更为远大的教学目标所设计。

当上课下课、批改作业、驱车奔波成为日常的全部，留给学生课外约谈（office hour）的时间也就不多了。当然，学校本来也没有为她提供办公室，就算有时间也无处可谈。于是，师生之间的课后交流、不经意的指点迷津只能借助电子邮件来实现——时而是简短的交谈，时而是学生精心构思的写作任务，她每周的工作时长也随之追加。

如此这般疲于奔命，她每年却差不多只能赚到 3 万美元，既没有健康保险、退休保障，也没有电脑软硬件的提供。微薄的收入迫使她寻找更多的兼职工作：筛选申请文书、进行学生课外辅导以及撰写新闻专稿。

这样的工作方式，注定了教师无法给予年轻人专注、耐心的指导。这样的工作条件，注定了学校无法吸引师生着眼未来，一起探索求知过程中的险途——以貌似错误的方式开始，却能在日后收获充满惊喜的回报。说白了，这样的工作方式，不过是以最低廉的价格提供产品的一种途径。

每年，全美近 5000 所大学向翘首以盼的 11、12 年级高中生送出无数光鲜亮丽的宣传手册，目的是吸引一部分人前来就读。校园一角，形象最佳的本科生，站在风景最美的地方；实验室里，样貌出挑的学生，紧挨着最抢眼的教师……这些都成为主打的宣传照。如果拍的是校园周边，景色必定美不胜收：群山环绕、森林遍布的环境，抑或充满都市气息、嬉皮风尚的咖啡馆。如果拍的是雪景，画面中出现的必定是滑雪者，而绝不会是手捧一大摞书、不慎滑进车库的倒霉蛋。

很显然，这些文件资料都是营销工具，就像汽车交易商为丰田凯美瑞（Toyota Camry）或福特猛禽（Ford F-150）车型所定制的广告手册一样。手册从来不会向车主透露那些不尽如人意的地方——大城市上下班高峰时，车辆排起的长龙队，或是车管局（Department of Vehicles）门口，司机们排起的长龙队——同样，招生材料也从来不会透露大学生活里那些不为人知之处。比如，一所录取率非常低的大学——也就是生源出众、师资一流的那种大学不会告诉你：你女儿的学术写作基础课程，其实并不是由这所大学的长聘教师教的。

至于不计其数的"普通院校"——那些宣称具备向上流动性（可以转入更好的大学）和高就业率的学校，它们的宣传手册也不会告诉你：你儿子遇到的大部分教师都是临时工；第一学年可能会有6—8门，甚至全部10门课程都是由兼职讲师教授的。宣传册也很少提及另一组相关数据：你儿子升读大二的概率只有75%，大学毕业的可能性不会超过50%。在那些最依赖兼职教师上课的学校，毕业率也许还要低得多。

任何一所大学都是一家大型企业，少不了非常上镜的教学楼和运动场，高性能的计算机系统，丰富的体育项目，得力的服务人员（财会、餐饮、经济援助），甚至包括设计出如此精美的宣传册的企宣团队——这些开支都是固定的，也便于兜售给渴望入学的家庭。悖论在于，大学所经营的业务，其最根本的特点为"承上启下"，即青年学生求教于治学严谨的学者。然而，这一本质特点却受最后一刻"按需而定"的影响，成为最不可测的经营要素。

在高等教育领域，阵容强大的"临时教师"被冠以五花八门的称谓：兼职教师（adjunct faculty）、兼职讲师（part-time lecturer）、访问学者（visiting scholar）、博士后研究人员（postdoctoral fellow）、实践类教授（professor of the practice）、驻校艺术家（artist in residence）。它们掩盖了一个万变不离其宗的隐性条件：根据课程或学年需求得到工作，不保证长期聘用，报酬常常少得可怜，且不享有任何福利待遇。文雅的措辞使人们越发看不清事实的真相，我们不妨直截了当一些：大学教师的工作，本质上变成了一份"零工"（a pickup job），就像给优步（Uber）当司机，或是在"跑腿兔"网站（TaskRabbit）接单一样，本质上毫无区别。

缄默者的悲哀

在美国，有 100 万名大学兼职教师，就有 100 万种漂泊不定的人生。你只须在谷歌浏览器上用"兼职教师"（adjunct）、"博士后"（postdoc）、"临时工"（contingent）作第一关键词，"工作条件"（working conditions）、"危机"（crisis）、"滥用"（abuse）作第二关键词搜索，便可知晓。

也许你曾读过其中的一些故事。《大西洋月刊》（The Atlantic）指出："大学虐待兼职教师罪不可恕！"[1]《经济学人》（The Economist）为这些"一次性的学者"发声。[2] 加州大学伯克利分校的劳动研究与教育中心（The Center for Labor Research and Education）发现，全体兼职教师中有 25% 的人领受某些形式的公共援助。[3]

让我们说些更具体的事例吧。

2013 年秋，《匹兹堡邮报》（Pittsburgh Post-Gazette）报道了玛格丽特·玛丽·沃伊特柯的死讯，83 岁的她因无

---

1 Frederickson，"There is No Excuse for How Universities Treat Adjuncts"．

2 The Economist，"The Disposable Academic"．

3 Jacobs，Perry，and MacGillvary，"The High Public Cost of Low Wages"．

法负担癌症治疗费用，死于连电费也无力缴付的家中。她曾在杜肯大学（Duquesne University）教了25年法语课，一年至少得教6门课的她，却从来没有赚到过2万美元以上的年收入，也从来没有享受过任何医疗待遇或退休补助。[1]

2017年秋，《旧金山纪事报》（*San Francisco Chronicle*）报道了埃伦·塔拉·詹姆斯–彭尼的故事，她是圣何塞州立大学（San Jose State University）的一位英语教授，一学期上4门课，下了课就睡在自己的车里。[2]

> 詹姆斯–彭尼说，课后她常把车开到停车场去批改作业。天黑时，她会戴上在"家得宝"（The Home Depot）买的头灯继续工作。晚上，她就把车开到某个居民区，这款2004版的沃尔沃就是她的栖身之所。为了避免被怀疑，她会保持车辆整洁。

一个月后，《卫报》（*Guardian*）再掀舆论高潮，报道了

---

1 Kovalik, "Death of an Adjunct".
2 Martichoux, "High Cost of Living Forces San Jose State Professor to Live in Car".

一位"已届中年"的兼职教师，为贴补微薄的零工收入而从事色情工作。[1]

最开始转向这份"边缘零工"时，她正处于日子特别艰难的时期——几年前，她的课时被砍去一半，收入也跟着骤减，这几乎把她逼到流落街头的地步。"我当时的想法是，不过是一夜情而已，能有多糟呢？"她说，"事实也确实没那么糟"。

这样的故事在我们周围比比皆是，也许你的街区尽头就停着这么一辆车。本书各章节将贯穿更多类似的故事，希望它们能带来一些正面的意义。

接下来要讲一个关于妮可的故事。在法国长大的她，曾于一所顶尖院校取得了工商管理硕士（金融方向）和艺术史博士学位。24岁那年，她走在了迈向学术巅峰的快速通道上——论文发表后的一年里，在欧美以两种语言出版了重要的策展读物。谈话之初，我能感受到她说起当年工作时的

---

1 Gee, "Facing Poverty".

那种喜悦之情。

这是一种对生命的探究，一种适合我的生存方式。我工作一直很努力。我喜欢教书，喜欢与人交谈。我很享受在课堂里的每一刻。

妮可的丈夫是美国人，为了让他去纽约攻读博士学位，她夫唱妇随地来到了美国，而她的人生轨迹也就此改变。

朋友雇我在纽约一所私立大学当设计专业的全职教师。其他教师都来自哈佛、哥伦比亚等名校。但是学校倒闭了。2006 年，我在位于另一个州的一所私立设计学院（从纽约过去要坐 4 小时火车）和当地一所社区学院担任兼职教师，还在一所顶尖的研究型大学教授暑期课程。此外，我有一份正式工作：驯马并教别人骑马。等于说，我那会儿做着一份全职和两份兼职工作。

同时，我一直做着艺术策展方面的工作，通过博物馆的人脉，我还担任私人研讨会的客座讲师。

除此之外，我还给另一所研究型大学的继续教育项目兼课，也给一些财力殷实的收藏者举办艺术史讲座。他们跟我说："这太不像话了！我们出了天价，而你却一无所获！"所以呢，我现在会去别人家里当私教，所得的报酬是大学给我的 5 倍。

某国际知名博物馆会籍总监（Director of membership）在听过一次我的演讲后，表示非常喜欢，所以现在我偶尔会在策展人分身乏术时，去给他们做演讲。离开学还有两周的时候，我接到一所普通州立大学的电话，临时叫我去上课。我上学期（秋季）接了 1 门课，这学期（春季）有 2 门课，下学期（秋季）可能会有 2—3 门课。

这便是如今大学教师的生存状态。不管开车、坐公交还是乘火车，奔波在路上的他们永远不确定下学期迎来的是"丰收季"还是"干旱季"，永远活在承诺或将兑现的希冀之中——而这或将兑现的承诺让每个人都保持了缄默。

在那所离纽约较远的设计学院，我来回奔波了

10 年之久。我上了兼职教师能上的最多课时、最多学分。我告诉他们我想要一份全职工作，可他们却说没钱创设全职职位，于是，2016 年夏天，在整整工作了 10 年之后，我辞职了。然后，他们又有了钱，可以提供一个终身职位，我就申请了。现在这所排名比较靠后的州立大学，将来可能也会开设终身职位吧……

妮可明知自己的"黄金时代"早就过了——那篇优秀的毕业论文已是 15 年前的事了，但她依然把终身教职作为自己的奋斗方向。这个梦想虽然遥远，可她越来越清楚自己的未来，也越来越清楚她所工作过的这些地方未来会变成什么样。

找兼职很容易，但正儿八经的工作都给了院系里有"背景关系"的人。对兼职教师来说，发表也是一件让人左右为难的事。做研究、跑档案馆，这些都要来回折腾，参加会议也是如此。但你不得不耗在暑期课程上，根本没时间也没经费去发表。我

9

已人到中年，必须开辟另一片天地才行。

我认为，大学发展到最后是不需要什么终身教师的。有学生问我是否要继续攻读博士学位，我总是劝他们打消念头。我这一代是牺牲品，因为都是别人在做决定。博士学位毫无价值，我一直在劝退那些想要以身试法的学生。如果你纯粹为了丰富自己的学识，并且拥有足够自立的经济实力，那你就去读吧，去读就是了。如果不是的话，请你放弃，马上放弃。

收了那么多学费，用在教师身上的钱却少得可怜！每一门课，学生可能一共付了6000美元，而你却只能拿到100美元。读大学不就是为了上几门教授开的课吗？不然花这么多钱是为什么？学费的大部分应该付给任课教师。拿到博士学位之后，干什么都不挣钱。出书吧，就拿个10%的报酬；教书吧，就拿个微不足道的零头。所谓工作就是不断贬低你作出的贡献。而这竟是大家达成一致的共识、普遍接受的规则。我们花了10年时间做学问，得到的却是那些学了半吊子的人所挣的一个零头而已。

也许，这个体系走向瓦解才好。

问题来了：什么时候 80 会等于 9？

这是另一个故事了。我有个朋友叫简，在位于纽约市的一所大学教授研究生课程，同时还在波士顿的另一所学校兼课。她在单程 4 个小时的长途大巴上批改作业，也在她母亲位于纽约的寓所沙发上过夜（年届花甲的她早已过了一个学有所成的博士还睡在母亲家沙发上的年纪）。纽约这所学校有教师工会，也为兼职教师进行劳资谈判。谈判的最终结果是，根据各人教学经验（总课时量）划分薪酬等级。据此标准，简签下的课时费大概是每小时 80 美元。这个数字看起来不错，但事实并非如此。我们来解析一下为什么"80 美元 / 小时"实际上是低于最低工资标准的。

首先，80 美元的课时费是以面授时间（per contact hour）为计算单位的。一门 3 学分的课程（即每周 3 小时、总共 15 周的课程）包含 45 小时的课堂面授时间，这就意味着简拿到的总课时费是 3600 美元。对一门 3 学分的课程，标准预期是学生每周课内学习 3 小时，课外学习 6 小时——包括阅读、作业、期末论文等。而我认识的每位教师为课程所花的时间远比他们的学生要多——准备下一单元的

10

课程讲义、重读下一本参考书的某些章节、审阅和指导学生提交的论文初稿，以及写邮件以示鼓励、表扬或提出"不及格"警告等。我的亲身体会是，每课时的课外投入从来不会少于5小时。我们做个保守估计吧——简只要花3小时就能解决1小时课堂面授对应的工作量（事实上远远不止）。照这个标准，45小时的面授时间变成了180小时的实际工作时间。

所有的备课工作——设计最新的课程讲义、甄选阅读清单、与院系负责人商讨学习目标、与网络技术部门协调把各种资料上传到课程管理系统——这些都不包括在15周的标准工时内。这些都是义务劳动。我们再做个保守估计，将这些工作时间统统算作"用于课程开发的额外80小时"。然后就到了期末收尾工作——批改期末论文或试卷，再三斟酌期末成绩，收集、归档学生课业资料以便学校留存。这又是"额外80小时"的工作量，同样也不包括在标准工时内，同样也是义务劳动。更别提大学一视同仁的"邮件风暴"了，不管发件人是谁——教务处、院系领导还是人力资源部，基本处于"永不停邮"的状态。

这么一来，45小时面授时间纯属虚构，它掩盖了350

小时实际工作量的真相，也许是 400 小时，也许更多。3600 美元的税前收入，没有任何医疗或退休保障之类的福利待遇，来支付足足超过 400 小时的工作量，等于每小时实际只挣 9 美元。这个数字还不及我所居住的佛蒙特州当地的最低工资。

不难想象，等到简再上这门课时，如果她是那种行事草率、毫无责任心的教师，那么她的背包里会装着现成的课程大纲，只要改改日期就能接着用。她会拿出上学期的阅读清单，大可不必根据学生反馈筛选出值得一读的材料。她会免去论文形式的作业，代之以随堂测验，大大减轻自己课后阅读和批改的负担。她会按照一成不变的讲义照本宣科，因为学生是否认真听讲并没有那么重要。如果出现这样一种"付出极少"的教学场景（很可能导致教学评估不及格、不再续聘的后果），那么简倒是有可能把实际工作量降至 250 小时 / 一门课，而薪资水平则将大幅提高至 14.40 美元 / 小时！

非常不幸的是，3600 美元（3 学分课程）已处于高位薪酬水平了。据美国大学教授协会（The American Association of University Professors）报告显示，全美课时费的中位数为 2700 美元。也就是说，请把上述内容全部乘以四分之三再来进行解读。

一步步丧失的尊严

一条看不到任何希望的职业道路，其不利后果不仅仅体现在经济层面。"按需而作"的生存状态对一个人的打击折磨是多重的。

首先，这些临时岗位的科研人员或教职人员没有任何发言权。学术自由是学术生活的基础，但较真起来，这一基础对"临时工"而言是遥不可及的。坎达丝是某研究型大学的博士后研究员，她讲述了自己和同事所遭遇的"封口"经历。

> 我想说，人们管博士后叫"特殊的地狱模式"，可更要命的是——"老板"就是那个恶霸。我之前也和愚钝不堪的人共事过，但在这里，我们饱受言语上的骚扰和贬低，对方总是带着居高临下的口吻跟你说话。他们觉得我们一无是处："博士后干不出

12

什么好事儿。"我们的确接手了那些最低端的活儿。我想申请资助，想做一些有利于学生的事情，这时我老板会立马提醒我——她可以让我变成临时工，这样我就享受不到任何福利待遇。他们还打趣说，博士后就是一种制度化的奴役，这种充满内涵的段子成为这儿的家常便饭。

在研究生院时，我整天教书育人，那时真觉得自己属于这个群体。但在这儿，他们把博士后当吸血鬼，好像我们这群人只知道索取、索取、不停地索取，我们要榨干他们所有的资源一样。可是，我们也带来资源啊……另外，所有的资助项目都特别在意等级秩序。就连介绍成员组的时候，带头人也总是被介绍成"某某博士"，而博士后就不配这么称呼似的。我心想："我明明也是博士啊……"

眼下，坎达丝的职业前途几乎完全仰仗于她那位博士后导师的热情举荐，因此她必须忍受日复一日的羞辱，也许有朝一日，忠诚的付出能换来回报。

下面这则故事的主人公，有着相似的"自我审查"精神。她叫安妮特，是某大型院校的一位兼职教授。毕业于顶尖名校的她，已有将近 40 年的教龄。

> 兼职教师体系有一个比较严重的问题，大家会把"荣誉感"当作一种补偿。所以就会出现那种好比"蒙混过关"的情况——学生们区分不出来，还是管你叫"教授"。他们的支持和尊重足以宽慰你在学院不受待见的处境。他们对你毕恭毕敬也是一种诱惑，让你很难公开这一切：自己其实是一个被剥削的劳动力。

如果安妮特下个学期还想重返校园，那么她很清楚，谨慎对待自己的处境是为获得续聘所付出的部分代价。

有时候，必须谨慎对待的还不只是"不受待见"的处境。一份翔实的文献披露了学术界发生的大量性骚扰事件，包括受访者在事件发生时的职位。[1] 在将近 3000 名受访者中，绝大多数人当时是本科生、研究生、博士后人员、兼职

1　Kelsky, "Sexual Harassment in the Academy".

教师或访问学者——全都受制于那些手握大权、能够左右他人学术前途的人。直接反抗或向上举报会使自己顿失所有资助，名誉也可能受到牵连，或者不再被同行看好。因此，保持沉默才是上策。

尽管报酬很低、福利全无、需保持沉默，可他们的悲惨遭遇还没有结束！对他们而言，职业安全感也是完全缺失的。新闻里报道过成千上万因工厂和商店倒闭而瞬间失业的人，原有的一切戛然而止，确实是最沉重的打击。大学是不会发生这种意外的：基本上会等合同一个个到期，再让"临时工"一个个走人。有些人任务完成得很出色，兢兢业业干了10年之久；有些人学术成果有目共睹，备受同行推崇举荐；尽管如此，只有等到新学期伊始走上讲台的那一刻，他们才敢确定自己的"饭碗"还在。下面讲一个埃莉诺的故事。她在某大学一干就是11年，大多数时候一学期要上2—4门课。

> 基本上我都要等到学期结束前一个月才接到下学期的上课通知。但是，不等到注册完毕，无论那得等到什么时候，我永远也不确定是不是所有课都

能开出来。有时候报读这门课的学生人数不够，课程被迫取消；有时候直接在课程大纲里把这门课给删了……我之前就遇到过这种情况，开学还没多久，因为注册人数少就把我的课给取消了，或者他们把两门课合并起来，就砍了我的课。永远处于不确定的状态，你不能指望教书能提供可靠的收入来源。

好的，现在尽管报酬很低、福利全无、需保持沉默，还要一直提心吊胆，担心下学期会不会比这学期更不济。可面对这一切，每个人却还是奋不顾身，满心期待承诺会有兑现之时——只要我们好好干活，迟早会和"主人"平起平坐——满怀这样的期待回到原点。

14　　　再举一个丽贝卡的例子，在某研究型大学兼职了 13 年之久的她，曾以为这是一条通往学术殿堂的必由之路。

我得到某研究型大学这份工作时，真有一种"成功跻身"这个行业的想法。工作几年后，系里有一个非终身制（Non-Tenure-Track，NTT）的全职职位，我是最终候选人之一。后来，我意外发现还有一个最终候选人已经在这儿干了整整25年。我当时真的慌了。我们家很缺钱，我对这个职位也很感兴趣，但一想到我会抢了她的饭碗，就觉得这很不公平。我就这么惴惴不安地担心自己万一应聘成功了该怎么做。最后结果是，我们谁也没得到这份工作。但整个过程让人感到心神不宁，也有一种梦想破灭的感觉，到头来只留下一丝苦涩的滋味。

保罗是一位拥有10年教龄的兼职教师，曾是所在院校开设的3个不同职位的最终候选人。此外，他在别的学校也至少入围了两次。他曾见证一个职位如何由"长聘"变成"临时"，甚至就在招聘过程中发生了这种变化。

游戏规则突然就改变了。就在应聘过程中，说好的职位不见了，或不再是原来的样子了——他们会偏离自己的初衷，跟他们一开始写的职位描述毫不相干。在课程专业初具雏形、还在包装完善的阶段，他们广发英雄帖，选择权在他们手里。一旦找到了"合适"的、能给这个课程专业提升形象的人选，就会把票投给他，而不管当初职位描述上是怎么说的。

说好的长聘职位，变成了"先签一年，可能续聘"。招聘广告上明明写终身制（Tenure-Track，TT），但在招聘过程中却莫名其妙变成了逐年续聘（Year-to-Year）。

所以，我们可以下结论了：报酬很低、福利全无、需保持沉默，每学期必会经历的"职业不安感"以及毫无诚意却又让每个人信以为真的承诺，就像主人假装扔球时，那条狗总是信以为真。在我们国家受教育程度最高的劳动力中，大部分人将来的命运正是如此，而大部分学生将来所要面对的也正是这一部分为人师者。

参差不齐的教学水平

可惜，妮可的预言没能实现，这个体系并没有走向瓦解。对兼职教师的依赖已经不是个案，而是成为高等教育体系标准化运作的一大特点，其目的就是为了向阶层差异巨大的人群提供品质差异巨大的服务。吃一顿双人晚餐，在纽约的米其林三星 Masa 餐厅得消费 1500 美元，在佛蒙特州的野蕈坊餐厅（Hen of the Wood）需要花费 150 美元，而在任何地方的塔可贝尔餐厅（Taco Bell）15 美元足矣。不过，在预定席位（或开车取餐）时，我们至少心里清楚"一分价钱一分货"的道理。大学教育貌似也将多层定位的教学服务产品提供给了学生，但却没有明示他们究竟买到了什么，或者说，没有明确告知为什么有些学生得到的是"精英导师团"的关注，而有些学生却只能约见拿着最低工资的"临时教书匠"。不难想象，师生的命运最终是相互交织的：无权无势的学生最容易遇见的是无权无势的老师。对大学教师群体的压迫现象，在社会底层的发展势头最快，因为处于底层的学生和他们的家庭最不关注这些问题，也最没有能力作出任何抵抗。

所有业内人士都对此心知肚明。某二级州立学院的兼职教师占了全部教师的将近三分之二，该校学生服务中心主任告诉我："我们正陪女儿参观大学。她是个好学生，我们学校并不适合她。"

沃尔玛公司的接班人不用亲自跑到沃尔玛门店购买让

他们家族发财致富的产品；同样，有些人经营着工薪家庭、中产家庭会选择的大学，但只会把自己的孩子送去更高端的学府。我有一位朋友，曾经当过大学教师，后来到一所私立大学当了教务长，那里兼职教师的比率是 40%；再后来，她当上了另一所大学的校长，那儿的兼职教师有 60% 之多。她儿子选择了一所全美顶尖的文理学院，该校教师只有 15% 是兼职的。另一位朋友是一所普通州立大学某专业课负责人，这所学校的兼职教师比率高达 55%。她儿子参观的都是一流的研究型大学。当我听她谈起自己为儿子择校所做的准备时，我对她所说的话感到惊讶，那是 40 年前我父母在我给自己择校时绝对不会说的话。

16

> 我们想想这里面有哪些学校是适合你的。
>
> 我知道学费很贵，但我确定他们有助学金。
>
> 我会在 3 月请一周的假，到时候我们可以去看看学校。
>
> 我先跟招生办的人聊一聊，就知道问题是否可以解决。
>
> 你该见见系里的老师，以后可能有机会跟他们

一起做研究。

他们在 7 月有一个暑假新生接待周（orientation week），你会喜欢的。

你开学前，我们会给你买一台新的笔记本电脑。

今天，这些话不足为奇，数以百万计的家长都会说出同样的话。但也有数以百万计的家长抽不出时间去参观学校，也不可能在扣罚薪水的情况下，再拿出一周时间参加暑期新生接待活动。他们对于自己可以和大学哪些部门进行周旋是缺乏了解的，对于如何评估不同学校、不同专业也知之甚少。文化积淀是需要世代接力的，有不少学生或许非常聪颖、上进，但是他们出身并不高。在校门口迎接他们的只会是那群最势单力薄、最无所依靠的教师——他们没有能力帮助学生继续前行。

没有凶手的犯罪 17

最可怕的问题来了。兼职者的人生故事固然骇人听闻，我们却找不到始作俑者。你会说，教师的"斗争史"与罪恶的管理者或保守的立法者脱不了干系，但这样的问罪逻辑经不起仔细推敲。真实的情况恐怕还要更糟。

> 我们的首要任务到底是什么？我们如何利用所有的资源打造最佳的体验？提升教育质量的投入方式多得不计其数……我们当如何取舍？你必须清楚什么可以做交易，什么不可以。如果一个宿舍楼面只住了80个学生，而不是100个，我还是会配备宿舍管理员，还是会提供经济资助以及图书馆。在招生数量波动的情况下，大学在哪方面最可上可下呢？那就是教室。
>
> ——泰瑞，某小型私立学院策略规划副校长

谁应该念大学？他们在大学里应该收获什么样的经历？我们的信念发生了重大改变，其结果是高等教育领域出现各种"按需而定"（contingency）的现象，这意味着我们愿意在最重要的教育环节上进行妥协。正是无数善意的决定造成了这样的结果，难以料想的悲剧最后却发生在师生的身

上。高校"按需而定"盛行，尤其是那些生源资质平庸的普通院校。招生数量在变，经费数额在变，消费者（学生与家长）的需求在变，全美教育与就业趋势也在变，这些都是"按需而定"的依据。我们感到惊讶的并不是眼下大部分教师处于"按需而定"的职业状态，而是大学里到底还有多少长期聘任的固定教师呢！

本书旨在揭示学生和即将入行的教师如何进入不同层级的教学体系，以及不同层级的教育分别提供了什么样的职业机会与人生际遇。这将帮助那些正在择校的家庭了解他们即将进入一所什么样的大学，又由谁来指引子女的学术成长之路。同时，这也有助于理解为什么大学的重心已经转向资源配置而不是教师聘用，也能帮助研究生认识到，对于教师的职业发展而言，他们一味追求的高学历是否至关重要。

这是一本我父母当初考虑送我去念大学时应该读一读的书，也是我当年打算报考研究生院时应该读一读的书。这本书的写作初衷是为了解答这些根本问题：大学是什么？大学教育是什么？作为大学主体的师生，为何有人过得甚是安稳，而有人却始终前途未卜？

第二章

终身阵营与
临时部队

Adjunct（名词）：某一事物的附属品或附加物，并非其本质组成部分。

——韦氏在线字典

每种制度体系都有等级之分，士兵或军官，子爵或公爵，神甫或主教，职级高下一目了然。大学教师（即全体学者）也不例外，只不过其主要职责在于设计和开展课堂教学、从事学术研究以及对学生进行个别指导。

大学教职生涯的根本区别在于两大群体的划分，也就是通常所说的"终身制"和"非终身制"的区别。前者属于我们一谈"大学教授"就会联想到的人，是校方长期聘用的对象。他们教书育人并投入学术生活，不仅制定所在科系的课程大纲，也审定整个学院核心课程的设置。大学持续的学术生命力全系于他们身上，个人的志趣成为院校的志趣，并由个人学术兴趣开辟了更大范围的学术优势和研究阵地。高昂的投入支持他们一路攀登：专业协会（会费）、会议差旅、研究设备、信息渠道，并享受带薪学术休假，以激发潜力无穷的科研创造。"终身教职"一词本身就足够吸引人了——考察期满，保证录用。更重要的是，"终身制"这个称谓意味着，学校在乎他们，所以会为他们的职业发展进行投资；信任他们，所以把开启"学术自治"之门的钥匙交到他们手里。

而第二等级的教师群体——非终身制教师，学校对于他们，没有给予任何形式的投资和信任。他们和终身制教师有几个不同之处。首先，他们没有任何"长聘"的希望，不过，他们可以期待"非长聘"，合同期少则一个学期一门课，最多不过数年。其次，非终身制教师不会参与设置课程大纲，甚至连自己上的那门课都没有资格作主，只能拿着别人设计好的模板按部就班地上课。再者，没有人支持他们走上教学、科研两不误的发展道路，只会让他们在其中二选一。在职业发展方面，他们基本上得不到任何资助，即使得到，经费也非常有限；而在差旅、会员、出版经费方面，也同样没有机会获得赞助。

薪酬待遇上，这两个教师群体也有着天壤之别。终身教职的初始级别是助理教授，平均年薪为 69206 美元，加上差旅、科研资助及其他各种福利待遇，或可额外增加 50% 的收入。[1] 经过 6 年考察期，升至第二级别——副教

---

1 American Association of University Professors，*Visualizing Change*.

授，平均年薪约为 100000 美元，并且他们将获得长聘教职，若无非常恶劣的情形或违法犯罪行为，可谓终身无忧了。最后，经过数年努力，获同行认可的佼佼者，升为正教授，年薪约为 102402 美元。尽管收入方面比律师（平均年薪 120000 美元）或家庭医生（平均年薪 190000 美元）低了不少，但象牙塔里有的是办法让那些长聘成员能够安享这份舒适的工作。

非终身教职的收入完全不可同日而语。收入较高的是全职博士后研究人员，比终身制的同事（助理教授）每年要少 10000 美元至 20000 美元；收入最低的是一些兼职讲师，每门课只拿到 2000 美元至 3000 美元的课时津贴。2012 年，学术工作者联盟（Coalition on the Academic Workforce）发现，全国的兼职教师，每上一门 3 学分的大学课程，平均能获得约为 2700 美元的津贴。[1] 我们假设后来收入有所上涨。即便有些幸运儿能把每学期的课表排满，暑假也能再凑两门课（像海伦那样每周来回奔波 500 英里），一年差不多能赚 30000 美元。他们备课、批改作业、

21

1　Coalition on the Academic Workforce, "A Portrait of Part-Time Faculty Members".

回复学生邮件，每周工作远不止 40 小时，学校不会为他们缴纳医疗保险或退休金，遇到身体不适或家庭变故时也得不到任何保障。等到期末结束，不知未来何去何从，这一切简直毫无安全感可言。美国本科毕业生平均薪水约为 50000 美元[1]，他们教的学生赚得远比他们自己多。

非终身制教师无处不在。平日里，他们被"包装"成终身制的模样。无论是上课的学生，送孩子去学校的家长，或是专业的观察者，都不能准确判断出某位教师到底属于哪个群体。许多非终身制教师是非常称职的教育工作者，提供优质的本科课堂教学是他们的第一要务。但是，他们无法为大学生活贡献更重要的价值：年复一年地指导特别投缘的学生，课堂之外随时见面，利用课外约谈去帮助他们把课堂内容提炼成智慧结晶。他们无法对如何培养年轻学者发表自己的看法，因为根本没有或鲜有机会接触博士阶段的教学工作。他们无法对自己曾经受训的、更广泛的学术话语（academic discourse）提供实质性的贡献。非终身制教师只是内容提供者，完成有限的任务即可，高等学府内更为广

---

1 Tuttle, "New College Grads".

阔的学术领域是他们的禁区。

谎话！连篇谎话……

全美高等院校现有 100 多万在职的各类临时教职人员 *，学费一路飙升，可他们却是源源不断的廉价师资。过去，兼职教师都是些经验颇丰的业内人士，在学界之外的各行各业，或活跃依旧，或卸任不久，闲暇之余去大学或社区学院教授一两门课程。他们利用兼课获得额外收入，但授课本身并非他们的主业。此种意义上兼职教师仍然存在。但从趋势上看，美国大学越来越依赖包括他们在内的各类非终身制的师资力量，而不再依靠全职的终身教授来

---

* 译者注：各类临时教职人员，主要是指非终身制的教职人员（全职、兼职均有），包括美国高等院校所有未进入终身制的教职人员，即非终身制的全职教师（Full-Time NTT Faculty: teaching professors, lecturers, etc.）、兼职教师（Part-Timers, Adjuncts）及在校研究生助教（Graduate Teaching Assistants）等。这些教职都是非永久性的，有时也译为"合同聘任制教师""临时教师"等。

完成教书育人的主要任务。如今，在几所院校同时兼课成为许多大学教师的生存之道——一份"东拼西凑"的全职工作。

——2014 年美国众议院民主党议员语录[1]

本想统计清楚每所大学终身制和非终身制的教职人员各占多少，但经过种种尝试后发现这几乎是不可能的。而且，不同院校、不同监管体系和监督部门所使用的术语也各不相同。

据美国大学教授协会统计，各院校终身制教职员工的比率从 1976 年的 45% 下降到今天的 25%。[2]另有 15% 到 20% 是"初为人师"的在读研究生，这个比率始终没变。这意味着眼下美国大学中的在职教师大部分是某种形式的合同工。

美国联邦教育部综合高等教育数据系统（The US Department of Education's Integrated Postsecondary

1　House Committee on Education and the Workforce, *The Just-in-Time Professor*.

2　American Association of University Professors, "Higher Education at a Crossroads".

Education Data System，IPEDS）采用的统计方法，将大学教师不是按照终身制和非终身制来区分的，而是按照全职（full-time）与兼职（part-time）来划分的。如果你对某所学校感兴趣，就可以查看该校数据。[1]比如，佛蒙特州西南部附近的卡斯尔顿大学（Castleton University）现有 94 名全职教师和 166 名兼职教师。绿山学院（Green Mountain College）现有 29 名全职教师和 23 名兼职教师。圣约瑟夫学院（The College of St. Joseph）现有 10 名全职教师和 34 名兼职教师。而佛蒙特州社区大学（The Community College of Vermont）则没有全职教师，只有 611 名兼职教师（是的，没错，611 名教工全都是兼职的，一个全职的也没有……）。

自 1970 年以来，美国大学的招生人数增长超过两倍，从 860 万人增加到 2000 万人左右。[2]全职教师的人数也从

---

1 您可以使用美国国家教育统计中心（National Center for Education Statistics）的"大学导航器"（College Navigator）工具在以下网址：https：//nces. ed.gov/collegenavigator/ 找到美国及其领土范围内任何得到认可的学校。这里列出的是截至 2016 年秋季的教职人员人数。

2 National Center for Education Statistics，"Total Undergraduate Fall Enrollment in Degree-Granting Institutions"．

37 万人增加到 79 万人，大致保持了同步的增长速度。而兼职教师的人数则增至原来的 7 倍之多，从 10.5 万人增加到 75.5 万人。[1]

但实际情况要比这些数据所反映的更糟。统计按需而定的临时教师的相关数据时，我们常把全职教师和终身制教师混为一谈，其实这两者并不是一回事。由《高等教育纪事报》(The Chronicle of Higher Education) 在全美范围内收集的数据表明，超过半数的全职教师是非终身制教师，他们有明确的聘用期限，续聘希望渺茫，且没有资格参与事关机构发展目标的讨论。[2] 而美国大学教授协会的数据显示，约三分之一的全职教师是非终身制教师。[3] 不管采用哪个数据，可以肯定的是，为数众多的全职的非终身制教师身处学院生活的"中间地带"，当院校想要满足认证指标时，这一中间

1　National Center for Education Statistics，"Number of Faculty in Degree-Granting Postsecondary Institutions"．

2　参见 Chronicle of Higher Education，"Contract Length of Non-Tenure-Track Faculty Members"。截至 2015 年秋季，17% 的非终身制教职人员签的是多年期合同，34% 签的是一年期合同，49% 签的是不足一年的合同。

3　American Association of University Professor，"Higher Education at a Crossroads"，14，figure 2.

群体就被看作是重要成员；当涉及终身制教职员工才可享受的福利特权时，一切又将另当别论了（见图1）。

	终身制教师	全职的非终身制教师	兼职的非终身制教师	助理教师
学校对外宣称	这些都是全职教师		这些都是兼职教师	这些是我们的学生
学生实际经历	这些老师我基本一直都能见到	这些老师上完自己的那门课后，一般都是见不到的		

图1　非终身制教师统计报告中的数字博弈

理论上说，计算在校师生比例是轻而易举之事——只要将本科生总数除以教师总数即可。但问题是我们怎么计算教师总数呢？只计算为数不多的终身制教师吗？这不太可能。一些专业认证机构和美国联邦教育部综合高等教育数据系统认为应该按照全职人数＋（兼职人数÷3）来计算大学教师人数，即把每位临时教职人员计为三分之一人，这便是学术界的"五分之三妥协"[*]方案。[1]就课堂而言，某校师生比例

24

---

[*] 译者注："五分之三妥协"（Three-Fifths Compromise）指的是1787年美国制宪会议中南方各州与北方各州对奴隶的代表权问题达成的妥协方案，这一妥协把当时奴隶的实际人口乘以五分之三加以计数，作税收分配与美国众议院成员选举分配之用。

[1] National Center for Education Statistics, "Fall Enrollment Full Instructions", Reporting Directions Part F: Student-to-Faculty Ratio.

可能确实为 1 : 12，颇为理想。但如果排除所有非终身制教师（包括全职和兼职），实际剩余的每位"常任"教师将对应近四五十名学生，这样就降低了课外咨询的频率和效度，也减少了师生之间建立持久关系的可能性，而这种持久关系的建立或将改变学生的人生。

当某一院校谈及"兼职教师比例"时，我们甚至搞不清楚它到底指的是什么。举个简单的例子：某中等规模的州立大学拥有 100 名全职教师和 100 名兼职教师。全职教师平均每学期教授 4 门课程，而兼职教师平均每学期教授 2 门课程。不过，兼职教师开设的多是面向更多学生的入门课程，平均听课人数为 40 人；而全职教师则更多参与相关专业大三和大四学生的研讨课，平均听课人数为 15 人。表 1 显示了讨论同一所学校兼职教师占比所参照的 3 种不同方式。

不论是个别院校的数据还是全美院校的综合数据，"兼职人员比例"可以有多种解读方式，但没有一种方式是从学生体验的角度出发的。升学择校时，这取决于目标生源及其家长如何定义当地术语和惯例，进而如何理解各种数据背后的算法。至于不同院校之间的横向比较，就更为扑朔迷离了。

25

表 1　从 3 个百分率看一所学校

全职教师人数	100 人	
兼职教师人数	100 人	
全体教师总数	200 人	
兼职教师百分率	50%	（100 名兼职教师 ÷200 名全体教师）
全职教师授课数	800 门	（平均每人每学年教授 8 门课程）
兼职教师授课数	400 门	（平均每人每学年教授 4 门课程）
总授课数	1200 门	
兼职教师授课百分率	33%	（兼职教师教授的 400 门课程 ÷ 总授课数 1200 门）
全职教师听课人数	12000 人	（800 门课程 × 每门听课人数 15 人）
兼职教师听课人数	16000 人	（400 门课程 × 每门听课人数 40 人）
总听课人数	28000 人	
兼职教师听课学生数百分率	57%	（兼职教师听课人数 16000 人 ÷ 总听课人数 28000 人）

别被一连串数字蒙蔽了！

不出所料，满眼都是"600000，1000000，70%……"之类的数字，看起来不免让人晕头转向。斯大林说，一个人的死亡是悲剧，而一百万人的死亡就只是数据了。我们不妨以某所大学为例，来看一些更微观的数据吧。这是一所较大的公立研究型大学写作专业的课程描述，每年注册写作课程的学生达 17000 人（次）之多。

> 写作专业每年教授 900 门课程。该专业共有 100 名兼职讲师，120 名助教，30 名全职的非终身制教师，以及 1 名担任院系主任职务的终身制教职员工。
>
> ——安妮特，兼职讲师（教龄 40 年）

大部分学生和家长不会去关注这些难以辨认的缩写及指代的职位，他们关心的是课程安排和授课教师的名字，只盼着能去这位教师的课堂报到即可。所谓的大学教师也好，终身教授也罢，对整个写作专业课程设置来讲，其实都是由唯一拥有终身教职的这位教授所代表的，因为只有他在学校有稳固的一席之地，和其余 250 位教师不可同日而语。

以该校该专业为例，非终身制的教师群体又可细分为两类：PTL 字母缩写代表第一类，兼职讲师（Part-Time Lecturers），他们有如拾荒者一般生存于"学院食物链"的最底端，收入的多寡全凭学生的上课需求而定。他们有足够

26

的资格教授某些具体课程，比如新生写作入门、商务写作等。许多人也像安妮特一样，受过严格的训练，且拥有博士学位，但学术生涯发展欠佳。这所大学对兼职讲师的去留概不负责，教师数量随着上课人数的变化而相应增减。在开设的 900 余门课程中，这 100 名兼职讲师承担了至少三分之一甚至多达半数的教学任务，每人每学期都要上一至两门课。

第二类，全职的非终身制教职人员（Full-time NTT），则是一个"非驴非马"的特殊群体，校方特别喜欢鼓吹这个群体自带的"全职"光芒，希望人们因此不会发现他们其实并不属于终身阵营。他们的薪资兴许是足够糊口的——比一个刚起步的助理教授少个两三万美元。此外，他们或许也享受一定的福利待遇，甚至可能还有退休保障。但是，他们的劳务合同是有固定期限的，通常为 3—5 年，5 年后便不再需要他们继续提供服务了。麻雀不会变成凤凰，这一群体也几乎永远不会进入终身制的职业发展状态。在学院生态环境中，他们亦属于较低端的种群，身处食物链的下游，一旦效用耗尽，就不再受到欢迎和保护。

小到课程设计，大到课程设置，非终身制教师基本没有发言权，但他们通常还会承担一部分校内行政工作——以此来交换一份为期 12 个月的劳务合同（这意味着他们整个暑期都无法专心研究和写作，而这关乎他们自身的职业发展）。他们可能要安排和管理学生辅导中心的工作，或参与各项教学任务的评估，或进行雇用、协调和评估兼职讲师的工作——毕竟他们在资质等级上略高于兼职讲师。所有这一切安排，都是为了让那位享有终身教职的负责人（还记得吗？）得以自由发表论文，参加学术会议，并作为科研项目的公众形象出列——他借助众多默默无闻者的辛勤劳动，成就了个人的荣耀。

这一案例中，还有另一个更为庞大的授课群体：助理教师，即助教（Teaching Assistants, TAs）。人们或许以为，助教要做的事正如其称谓：帮助教师开展教学——带领小组讨论、统计出勤率或批改试卷等。情况往往并非如此。他们只不过是些比较优秀的研究生，但都有自己的教学任务，学校为他们准备的仅仅是一本花名册和一份阅读清单而已。助教基本上都是学生，占美国大学在职教师比率的 15% 到 20%，他们努力工作，开拓自己的学术发展之路。他们的助教奖学金（teaching assistantship）是他们与大学达成的协议，通过每学期教授一门课程来支付研究生期间的学费。他们参与授课，但并不是教师队伍的一员，他们依然属于学生群体。这一群体好比自然生态系统里的两栖类，根据环境需要切换自己的生存模式：时而是教师，时而又是学生。

因此，我们若对上述 900 门课程进一步加以推敲的话，那么教学服务的实际提供者可以分解如下：

·助教：240 门课程（120 人，每人每学期教授 1 门课程）

·全职的非终身制教师：180 门课程（30 人，每人每学期教授 3 门课程）

·兼职讲师：其余约 480 门课程（100 人，每人每学期教授 1—3 门课程）

·全职的终身制教师：2 门课程（1 人，每学期教授 1 门课程，作为项目主任享受其他薪资待遇）

换言之，如果你的女儿就读于这所师资雄厚、财力殷实、独树一帜的大学，大约有 99.8% 的可能性会从一名临时或暂时受任的教师那里修读新生写作课。

大学写作课程通常代表着"学院生态不平衡"中最恶劣的情形之一，有过之而无不及的还有低年级数学基础课、非专业理科通识课、大一（上、下学期）外语课、社会科学和人文学科的入门课程。我们稍后讨论为什么这些"学院微生态系统"对其教职人群的伤害最大；在此之前，我们不妨先来关注这一点：这些基础课程是新生入学第一年学习体验的重要组成部分。早在 2000 年，美国院校研究协会（The Association for Institution Research）就发现，一所比较典型的公立大学大约有 80% 的大一学生，在第一学期至少有 3 门课是由兼职教师讲授的。研究还发现兼职教师第一学期的授课与新生第二学期退学之间的相互关系。[1] 初入象牙塔的学子，渴望知道自己作出这一重要的人生决定是否值得，而在学术殿堂门口迎接他们的则是一群最微不足道、最没有存在感的兼职教师。

这恐怕并非明智之举。

1　参见 Schibik and Harrington，"Caveat Emptor"。另见社区学院学生参与中心的调查结果（在"按需而定"的承诺中），兼职教师比他们在社区学院的全职同事更有可能教授补习或"发展阶段"的课程。

了解美国大学新生第一年接触的这种按需而定的"临时师资"有助于解释为什么四分之一的人没有继续成为二年级学生，以及为什么最依赖兼职教师授课的院校，新生辍学率接近 40%。[1] 就单独的每节课来说，学生的体验也许是不错的，但他们失去的是一种更为系统性地提升智识水平的大学经历。

不曾言明的信念和尚未见证的结果

我会用"一种更为系统性地提升智识水平的大学经历"这样的话来形容高等教育的使命，也恰恰说明当代社会对"临时师资"的依赖程度正在让大学失去什么。其他人在表达对高等教育的关注时，不会使用这样的措辞。

比如说，有些人可能更直奔主题，索性以职业培训为使命……

1　National Student Clearinghouse Research Center，"Snapshot Report：First-Year Persistence and Retention"．

加维兰学院（Gavilan College）将为你铺平今后的职业发展之路，提供满足社区各类需求的教育，应对商业社会和行业发展的不断变化。职业和技术教育系（Career and Technical Education department, CTE）会为学生提供在当今竞争激烈的商业世界中生存和发展必备的技能和机会。在这里完成 CTE 课程的学生，会成为炙手可热的应聘者，更有能力为自己和家人带来希望。[1]

……或者，以科研为重心……

加州大学伯克利分校每年获得超过 5 亿美元的外界资助和各种支持。截至 2017 年 6 月 30 日的财年，我校累计获得各种资金拨款达 8.475 亿美元。[2]

……又或者，以"后青春期"娱乐为重心……

1　Gavillan College，"Career Technical Education".
2　University of California，"Berkeley Research Excellence".

杜克大学的体育赛事赫赫有名。蓝魔队大获全胜，全场粉丝齐声欢呼时，即便你并不热爱体育，也很难抵挡这片充满感染力的欢乐海洋！这是真正的友谊，不朽的精神——和伙伴们一样，脸上涂满蓝色，围着篝火尽情奔跑吧！一起庆祝这伟大的胜利！只有在杜克大学，你才能有这种体会！[1]

美国高等教育正朝着数十种竞相角力的方向发展：科研重镇、职业技能培训中心、小型体育职业联盟、公民孵化器、商业磁石、房产开发商、地方就业去向大户、加时版的青少年日托中心……这些相互竞争的理念为"临时师资大军"的铸就提供了搅动机制（churning environment）。"如果你不知道自己要去往何处，那么你肯定到不了想去的地方。"如果我们不清楚大学的核心目标所在，不论个体意义上，还是文化意义上，那我们就不可能明白，什么样的师生关系才能实现大学的目标。

1　Duke University，"Culture of Champions"．

第三章

阶级有别：
青铜、白银、
黄金或白金

即使面对社会阶级制度与高等教育的等级划分相互勾联的事实，以为只言"大学学历"而不提院校名字就能说明一切的这一想法，在美国也深入人心到异想天开的地步。万斯·帕卡德（Vance Packard）在《陌生人的国度》（*A Nation of Strangers*）一书中欢欣鼓舞地写道："1940年，约13%的大学适龄青年上了大学；到了1970年，这一比率约为43%。"可惜他错了，现在的比率依然是13%，其余30%的人上的不过是名义上的大学。这些穷人家的孩子和他们的父母永远追寻着同一个美国梦：不问真才实学，只求名声地位。

——引自保罗·福塞尔（Paul Fussell）的《格调》（*Class*）

保罗·福塞尔在 20 世纪 80 年代初写下这段话。他既
是一位学者（曾在哈佛大学取得博士学位，并先后供职于
康涅狄格学院、罗格斯大学、宾夕法尼亚大学），也是一个
让人讨厌的家伙。35 年后的今天，高中毕业生"无缝衔接"
大学的百分率已接近 70%。虽然高等学府的规模是福塞尔
出书时的两倍，但基本事实却未曾改变。福塞尔之后，斯坦
福大学教育学教授大卫·拉巴里（David Labaree）在关于
美国高等教育史的论述中这样写道：

> ……分级制度（Stratification）是美国教育的
> 核心所在。这是我们为教育体系敞开大门所付出的
> 代价。每个人都可以踏进这扇门，但经历却各不相
> 同，他们也因此获得截然不同的社会利益。从这点
> 上说，美国教育体系非常大众化，也非常精英化：
> 普通人通过教育向前迈步的概率很大，但步子迈得

很远的概率却很小。[1]

过分关注各个院校直观、量化的排名，说出"我的学校要比你的好"之类的话，是美国人常做的事，所以就有了《美国新闻与世界报道》（ *US News and World Report* ）发布的年度大学排名以及曲棍球赛后的斗殴事件。本章想说的是，如何认识学校间层次的差异，以及由此造成完全不同的大学定义和教育结果。不同学校服务的是条件、目标有着千差万别的不同学生群体。为此，学校聘用了截然不同的教职人员来完成相应的工作。

琼·安永（Jean Anyon）和她的隐性课程理论

每个学者都有自己的"灵感来源"（ur-sources）——总有那么几篇文章、几本著作改变了自己的思考方式，照亮了一个全新的世界。对我来说，《社会阶级与隐性课程》

1　Labaree, *A Perfect Mess*, p.80.

（*Social Class and the Hidden Curriculum of Work*）正是其中之一。它的作者琼·安永起初是罗格斯大学的一位学者，后来就职于纽约城市大学（City University of New York），现在已经去世了。[1]这篇论文精彩绝伦且简单易懂，安永和她的科研团队对位于新泽西州北部某街区的5所小学进行了长期的实验观察，观察的内容是五年级师生的日常言行。

研究的初衷在于揭示不同社会阶层的利益所在，因此她所选取的样本学校也跨越了各阶层。其中，前两所是工薪阶级学校，孩子的父母从事的都是体力工作，比如：酒吧女侍应、铸造工人、保安人员等；第三所学校是中产阶级学校，孩子的父母都从事一些需要具备专业技能的工作，比如：承包商、贸易从业人员、护士、教师、消防员等。第四所学校，安永称其为属于"富裕的专业人士"（affluent professional）的学校，孩子的父母都是律师、工程师、设计师或广告传媒从业者。最后一所学校则是属于1%的"决策者"的学校，孩子的父母都是总裁高管、公司顾问、金融界人士等。

1　Anyon，"Social Class".

她的研究结果相当惊人。在所有案例中，学校都使用了相似的教材给五年级的孩子上相似的课程。但是这些学校的实际日常教学，也就是她所说的"隐性课程"有天壤之别。在所有案例中，学校都把学生照着他们父母的样子加以培训，思维以及行为方式也都依葫芦画瓢，投射出了他们最终将处的社会阶层和将面临的工作生活。

- 在工薪阶级学校，不管什么科目，教学的首要目标是听命与守序。包括照搬步骤、照抄笔记、填写表格和给图片上色。"坐下。""闭嘴。""你的课本在哪儿？""你为什么离开自己的座位？"

- 在中产阶级学校，教的是如何学习新知或计算出正确答案。包括突击测验、标点符号填空和存储日后所需的数据等。"正确。""再读一遍。""找一找。"

- 在专业人士的学校，教的是富有创造力的表达，既有单独作业也有集体任务。包括设计页面、想象过程、写小作文和给壁画上色。"太美了！""看看你的同桌做了什么。""你对这个段落满意吗？"

- 在决策者的学校，教的是分析和战略思维。

包括明白模型样式、制定工作方案、找出错误并把你的作品呈现在权威面前。"不同意的话，你也可以大胆地说出来。""伯里克利（Pericles）战后犯了什么错误？""推导一下这个结论。""遇到这种问题，你的首要决定是什么？"

在上述的每一所学校里，正式的课程设置都包含了一模一样的科目：算术与社会研究，语言艺术与科学。但是潜在的教学意图却大相径庭。聪明人的性格特点、个人成功与集体成就的关系以及自主性、创造力、判断力的价值所在，这类从未坦言的信息要比课程内容重要得多。

大学正是在这个等级制度之上建立的，甚至将等级变得更加森严，这不仅体现在入学难易程度上，也反映在授课情况上。正如安永的分析所言，几种主要类型的院校共同完成了对全美绝大多数本科生的教育，每一种院校都有各自的教师群体。学生可以在任何学校修读微积分或写作课程，然而潜在的教学意图及其对应的日常体验，最终形成了完全不同的结果。

工薪阶级的关键词：便利与便宜

与上述工薪阶级学校相类似的是两年制的社区学院，占全美院校总数的 25% 左右，其入学的本科生人数约占全美本科生入学总人数的 40%。[1] 这儿有许多学生的父母从未接受过高等教育，他们的第一代子女（first-generation）中有 52% 的人会选择社区学院，而在父母中至少有一人接受过高等教育的学生里，只有 28% 的人会选择社区学院。[2] 这些学生都从小在一种没有书本和杂志围绕的家庭氛围中长大，他们的父母也不可能在 3 月抽出一周的时间陪他们参观院校，也不可能有这样的自信或意识打电话给大学里的某个人来澄清误会。这些孩子的父母或许时常因为自己的学习经历而感到低人一等，他们力求将自己的孩子送入学校，在面对孩子的求学经历时，他们或许也会有那么些百感交集。

社区学院很少提供宿舍，主要面向某一社区或相邻地

---

1 National Center for Education Statistics, "Total Undergraduate Fall Enrollment in Degree Granting Postsecondary Institutions".

2 Redford and Hoyer, *First-Generation and Continuing Generation College Students*.

区的走读生群体。其中许多人是传统年龄段的住家学生，他们的食宿问题都和平常一样在自己家里解决。还有不少人是非传统学生，他们都是已经结婚和参加工作的成年人。[1] 在社区学院中，超过 20% 的女生是单身母亲。[2] 学生要在早就排满的日程表里挤出时间来完成课业，因此，社区学院非全日制学生的比率远高于其他类型的院校。

社区学院肩负各种使命：他们要向四年制大学输送学生；要为各行业提供职业与技能认证培训；还要满足广大社区成员的需求，开设休闲课程（瑜伽、钢琴）和社交课程（对外英语、育儿技能）。[3] 社区学院可以是微积分、心理学导论平价的修读课堂，也可以是焊工、法务助理、烘焙师成长的摇篮，又或者是不办会员卡、花点小钱就能享受的健身房。

由于各种事务缠身的状态以及时常拮据的经济状况，既要上班又要照顾家庭的成人学生根本不可能在全美甚至在

1　Ma and Baum, "Trends in Community Colleges".

2　Kruvelis, Cruse, and Gault, "Single Mothers in College".

3　Center for Postsecondary Research, "2015 Update".

州域范围内择校，只能在当地非常有限的学校中进行选择。[1]
所以，社区学院的两个主要（也是相互竞争的）吸引力就是
便宜和便利。它们是高等教育体系里花费最低的选项，美国
全日制学生平均学费约为 3500 美元 / 年。[2] 可非常矛盾的是，
为实现"学生的需求就是我们的方向"这一目标，社区学院
必须比四年制大学响应更多需求。在快速应对本地用工需
求的同时，它们还必须制定"转学衔接协议"（articulation
agreements）或者将课程体系的设置向许多四年制大学看
齐，以便学生更加顺利地转入这些学校。它们帮助全日制学
生完成一学期 4—5 门课程的学习任务，也容许其他学生每
学期只修一门课，更有甚者先休一学期课，等下学期赚够了
学费再续读。

社区学院需要在不同的时间段提供更多的课程，来满
足学生各不相同的工作安排。位于波士顿的邦克山社区学院
（Bunker Hill Community College）创下了美国夜校课程的

1　See Blagg and Chingos, *Choice Deserts*; Hillman and Weichman, *Education Deserts*.
2　College Board, "Average Published Undergraduate Charges".

新纪录——在晚上 11：30 到凌晨 2：30 这一时间段，提供各种常规课程以满足一部分学生的需求，比如刚哄完孩子入睡的在职家长，或每逢周五不到深夜无法下班的酒吧侍者。[1] 学院面临的压力还包括把每周 3 节常规课变成每周 1 节 3 小时的浓缩课之后，所有人都上得精疲力竭。更大的挑战是把所有讲课内容搬到互联网上，这样一来，疲惫不堪的学生完全可以在家学习，也可以在坐公交去上班时，看着智能手机上课。[2]

　　社区学院招生本着"开放式录取"原则，或者说"来者不拒"。超过 50% 的入学新生需要上至少一门补习课，不少人还不止需要补一门功课。加利福尼亚州有全美最大的社区学院系统，其入学人数占全美社区学院学生总数的五分之一，其中将近 80% 的新生需要参加补习辅导，因此推迟并耽误了他们转学和获得职业认证的进度。[3] 因为许多学生

1　Chen，"Why Community College Students are Taking Classes at Midnight"。

2　我们从研究中学到了从日常经验中已知的东西；也就是说，每周 1 节 3 小时的课，效果通常不如那些时间短、次数多的课。参见 Cotti, Gordanier and Ozturk，"Class Meeting Frequency, Start Times, and Academic Performance"。

3　Rodriguez，Mejia，and Johnson，*Determining College Readiness*.

课业准备不足，也缺乏对教育问题选择处理上的个人和家庭经验，他们会非常渴望沿着"指明方向的路径"（guided pathways）或严格规划的课程顺序，从而知道在大学里应何去何从。[1]（记得琼·安永提到的工薪阶级的五年级的教育吗？听命与守序。）所谓的学业咨询不过是让学生听从指示，完成既定的课程清单，达到预先设定的目标而已。

社区学院面临各种"快餐式需求"——经济拮据的家庭对低廉学费的需求，不同工作时间安排的群体对听课便利的需求，落后生对补课的需求。另外，大量学生无法升入更严苛的学术训练体系也是一个方面——这就造成了社区学院"快餐式用人"的现象，几乎四分之三的教师是兼职人员[2]，也是收入最低的教师群体，一门 3 学分的课程平均只能拿到 2500 美元左右的课时费。[3] 于是，最没有校园文化积淀、最缺少家庭教育背景的学生遇上了收入最低、最没有劳动保障，也最不清楚（或最缺少人脉）如何通过校园渠道帮助困难学生的教师。

1　Mangan，"A Simpler Path"．

2　National Center for Education Statistics，*Community Colleges*．

3　*Chronicle of Higher Education*，"Adjunct Salaries，2-Year Public"．

　　结果，对师生而言，社区学院本质上只提供了纯属个人的、以每门课为限的体验，几乎没有机会在其中获得更广阔的大学生活经历，一路上也没有可依赖的同伴在遇到困难时彼此支持和鼓励。每个人都是来去自如的行者，是无人伴奏的表演者，也是学分和证书的消费者，勉强完成学业以求一份经济保障。社区学院微积分入门课讲台前站着的，或许是一位优秀的讲师，只是她自己也如履薄冰，好不容易才有机会上这门课，课后甚至从此以后都无缘和学生建立任何深厚的感情。

　　结果是有目共睹的。社区学院只有 60% 的大一新生能读到大二。[1] 只有 15% 的人最终取得本科学位。[2] 而这 15% 的人正是通过社区学院这条路，向原本不属于他们的未来迈出了宝贵的第一步，这也是出身卑微的他们得以成功逆袭的重启键。至于其他人以及他们的老师，他们收获了什么？便利的代价又是什么？这些都是未知数。

1　National Student Clearinghouse, "Snapshot Report: First-Year Persistence and Retention".

2　Jenkins and Fink, "Tracking Transfer".

舒适的通才者及中产阶级的大学

适合中产阶级的大学，即州立综合性大学，如中央密歇根大学（Central Michigans）、西德州农工大学（West Texas A&Ms）以及加州州立大学奇科分校（Chico States）等，在全美随处可见。这些学校的前身都是技术学院或师范学校，为服务地区经济培养具有一技之长的劳动力。绝大多数州都有等级分明的高等教育体系，作为"旗舰品牌"的研究型大学与那些服务广大社区成员的小型综合大学有明显的区别。有时，地区性综合大学会自成独立的运作体系以区别于研究型大学：加州有研究型大学组成的加州大学系统，另外还有当地四年制大学组成的加州州立大学系统；佛蒙特州既有佛蒙特大学，也有数所佛蒙特州立大学。名义上，它们也属于公立大学的一部分，但绝对不会得到"牛校"的认同。如果你对别人说"北卡罗来纳大学"（University of North Carolina），他们一定认为是"教堂山分校"（Chapel Hill），而不是"彭布罗克分校"（Pembroke）；一说"威斯康星大学"（University of Wisconsin），人们想到"麦迪逊分校"（Madison）而不是"普拉特维尔分校"

（Platteville）。

尽管如此，这些地区院校都是四年制的正规大学，为了和他们的学生一样，努力去赢得更多的尊重，他们越来越多地开设硕士专业课程，甚至偶尔还提供博士学位的课程。坦率地讲，这些学校大力开发研究生课程不光为了赢得尊重，也恰恰反映了本科学历已经变得再寻常不过了的这一事实。2000—2010 年间的后半阶段，大学毕业生人数激增，作为一种追求更多利润的商业策略，学校也想在人口红利上分一杯羹。仅 2010—2015 年，就有 94% 的本科院校增设了硕士点，使得提供硕士课程的院校总数增加了 15%。[1] 2010 年，麻省所有的州立本科学院都变成了州立综合大学。2015 年，佛蒙特州的卡斯尔顿州立学院（Castleton State College）索性把"州立"二字去掉，把自己称作"卡斯尔顿大学"（Castleton University）。

这些学校的招生范围从地域上来说相对更大一些，所以通常提供学生宿舍和食堂，不过走读生也不在少数。另一个明显趋势是，学校为了创收，尽力招收州外学生和国际学

---

1 Center for Postsecondary Research, *2015 Update.*

生，因为他们支付的学费是州内学生的 2—3 倍。此外，学校除了提供许多传统学科的学位课程外，也致力于开发技术职业类的课程，深受广大学生和家长（那些家中无人受过高等教育的家庭）的青睐，比如：护理与健康科学、运动训练与科学、体育管理、刑事司法以及酒店管理。具备这些学历，你可以去当地医院、滑雪场、会务型酒店或警校应聘，从而得到一份高于入门职位的工作。

这些学校的终身教师，绝大部分拥有博士学位或专业领域的终端硕士学位（terminal master's degree），比如：工商管理硕士或艺术硕士。学校会采取全国公开招聘的方式来招募这些教师。不过，大部分的教学工作还是依赖兼职教师完成。在只授予本科学位的公立大学中，临时师资占 62% 左右，即使在那些设有硕士学位点的院校里，也有 56% 教师是兼职的。[1] 波士顿和旧金山等地博士学历几近泛滥，但偏远城市的本地大学想找到拥有博士头衔的当地人还是比较困难的。认证机构定义的"合格教师"通常是指其学历比被授课对象高一级的教师，因此本科类院校不管是在终

1　Hurlburt and McGarrah, *The Shifting Academic Workforce*.

身制还是非终身制的教师队伍中，都有相当高比率的教师只具备硕士学历。[1] 在乡村地区，就连硕士学历在当地人中也是不多见的。因此，比较初级的课程可能就由具备本科学历外加一些工作经验的兼职教师来教了。所谓的基本资质就是比自己的学生拥有更多的"学科知识"。

正是在这些地区性综合大学，我还有幸见识到了一种全新的兼职教师类型。有相当一部分人本来就受雇于大学，承担一定的职能工作，在不同岗位上为大学效力，比如课业辅导中心主任、运动教练、图书管理员、网管员以及线上营销主任。他们每个学期会兼一门课，以此贴补自己的养老金、休假津贴、育儿开销或者前任配偶无法给足的子女抚养费。这些额外的收入对圣诞节和生日的意义重大。没人注意过这些兼职教师，他们基本上都没有博士学历，且本身就参与大学中的各项服务工作。因为近水楼台的缘故，再加上原本就是领学校工资的人，不想被物尽其用都难了。

在任何一所排名居中的州立院校员工名录里，你都会发现兼职教师的身影。这里列出了附近一所学校里几位教师

1　可参见 The Higher Learning Commission，"Determining Qualified Faculty"。

的信息：

- 首席体育教练，兼职教师
- 信息技术人员，兼职教师
- 财务审计人员，兼职教师
- 力量与体能教练，兼职教师
- 残障人士服务中心协调员，兼职教师
- 副教务长，兼职教师
- 数字媒体事务主任，兼职教师
- 学校发展事务主任，兼职教师

40

令人意外的是，在地区性州立大学中，尤其是在那些教学任务繁重但科研能力有限的学校中，另一部分兼职教师其实是终身制教师。许多社区学院及排名靠后的四年制院校虽不曾言明，但都依靠"任务超载"的方式开展教学工作——实际上，要求每位终身制的教研人员每学期教 5—6 门课程，而不是通常要求的 4 门课，暑期还要再添几门课。这些课的课时费一般按照兼职教师的标准发放，以贴补他们的薪水。对于学生而言，这种情况至少比让棒球教练做代课老师要强多了，最起码他们都是教师，了解学科内容及课程整体框架，同时也能担任学生的长期导师。不过话说回来，这毕竟是在本职工作薪资不足的情况下，为了生计接手的第二份工作，因此他们在精力的投入上肯定有所欠缺，不会像招聘须知上校方期望的那般投入。

如果说，社区学院的学生可以从教师身上看到自己未来的样子：孤立无援的个体为了生存而苦苦挣扎；那么州立综合性大学的学生也可以从教师身上看到未来的自己：有足够安稳的工作，可以按揭贷款，参加高尔夫俱乐部，每隔几年换一辆全新的越野车。这些大学培养学生成为中小型城市所倚重的通才，因为在这些地方，专业人才没有用武之处，还不如可以身兼数职、样样都行的多面手更实用。[1] 在小城市，任何受过良好教育的人都可以供职于市政府，周末可以当个滑雪教练，偶尔还可以在当地院校教一门商务沟通课。即使报酬不多，这些事总得有人去做，也总会有人挺身而

---

1 关于小城镇教育培养通才和大城市教育培养专才的文献至少可以追溯到 20 世纪 60 年代初，以罗杰·巴克（Roger Barker）和保罗·甘普（Paul Gump）为代表，他们在堪萨斯州的研究成就了他们 1964 年的著作《大学校、小学校》（*Big School*，*Small School*），以及他们对人员配置理论概念的发展。

出。这正是中产阶级的学校里教职员工所扮演的角色。而这些学校的学生，无论主修何种专业，他们也正学着复制同样的角色。

41　文理学院的修行之旅

> 学生最早接触的一年级研讨课都由终身制教师任课，听课人数上限在 12—15 人。基础方法论课程也是由终身制教师负责的。即使是那些综合能力课（capstone courses）的听课人数也不会超过 12—15 人。所有专业的核心课程只能由终身制教师授课。绝大部分真正意义上的学术答疑和咨询都由教师负责，当学生已经明确专业方向时更是如此。我们希望师生之间建立紧密的督导关系，而这是要以长聘机制为条件的。
>
> ——某知名文理学院系主任莫拉

顶尖的文理学院是为"富裕的专业人士"量身定制的，

也是美国独具特色的高等院校，比如：里德学院（Reed College）、史密斯学院（Smith College）和欧柏林学院（Oberlin College）等。这是富有包容心的父母把那些不肯循规蹈矩的孩子送去念书的地方，由着他们决定自己想学的专业，而他们的人生在这里将充满无限的创造力、探索欲和自主权。这是希望学生自主决定学什么和怎么学的地方，用与众不同的方式表达自己的学术兴趣和身份利益。这里的每个学生都经过层层筛选，能给他人带来惊喜、愉悦和挑战。

这里很难见到兼职教师的身影，他们的出现是为了填补病假或学术假的教职空缺，或是为了教授一门专业度很高但课程需求极为有限的技能，比如：双簧管演奏或音乐剧编舞等。欧柏林学院共有326名全职教师和59名兼职教师；明德学院有314名全职教师和56名兼职教师；贝茨学院（Bates College）有156名全职教师和37名兼职教师；里德学院有161名全职教师和6名兼职教师；戴维森学院（Davidson College）有185名全职教师和4名兼职教师。[1]

1　所有大学教师人数出自 National Center for Education Statistics，"College Navigator"，Fall 2016。

这些学校聘用教师不只是因为他们具备的"学科知识"，更重要的是因为他们能启发学生进行独立思考并培育创造性思维。

我们把"导师制"（mentorship）形容得过于简单了，它不仅仅是传授知识。当真正的导师在展现某一文化的趣味性和丰富性时，会让对方觉得自己似乎也能参与其中。他们提供了一个进入新群体、新生活的平台，建立起一张充满各种可能性的关系网络。越来越多高等教育方面的文献表明，师生之间建立亲密关系有着持续性的重要意义。[1]毕竟，我们都是有血有肉的人，而不是生产和消费单元。我们时而心情激动，时而无比沮丧；时而热切盼望，时而犹豫迟疑。我们需要他人的支持，不光为我们欢呼庆祝，也在我们畏缩不前时，为我们加油鼓劲，让我们走得更远。

提供情感上的支撑，不只是教师的责任。精英式文理学院几乎要求全体学生住校，大家每天 24 小时形影不离地生活在一起，免受一切外界事务的烦扰。他们并肩而行，就像日复一日虔诚修行的僧侣一样。每位 2019 年的新生都将

1　相关概况，参见 Supiano，"Relationships are Central to the Student Experience"。

于 9 月在宿舍相聚并收获一份入学材料，预告他们将成为"2023 届毕业生"。他们即将踏上一段"期限早已明确、期间充满惊喜"的共同旅程，其中，超过 90% 的学生会顺利抵达终点。

这些学生之所以能走完这段旅程，原因之一是他们的家人基本上都能提供经济和情感上的支持。这些学生大多成长于舒适安全的环境，他们知道即使自己做出非常冒险的人生选择，最后也都能化险为夷。他们会去一家知名杂志社做一份没有薪水的暑期实习工作，而不会在炎炎夏日跑去给房子刷漆。他们会主修物理而不是工程学；主修文学而不是数字营销；主修舞蹈而不是运动训练。一旦找到新的兴趣，他们就会随心所欲地换个专业，不必担心家人是否觉得他们偏离了正轨。他们学习的目的不是为了掌握一门手艺，而是学会如何分析问题、如何激发热情和创造力，学习那些可以让他们充满自信地驾驭全新领域的技巧。他们会成为领导者而不是打工者，而一路上支持他们努力前行的正是长期稳定的师资力量。

基于学费高、录取难度大、选课灵活性强这三个因素，顶尖的文理学院很少接受转学生。后文将说明为什么这些学校的兼职教师比例相对较低，这与转学生比例较低相关。这类学校好比是一个非常独特的生态系统，各种经过专门演化的野生物种就像马达加斯加的种群一样别具一格。

需要补充一点，并不是其他为数众多、岌岌无名的私立学院全都具备上述这些条件。其他私校有不少其实更接近适合中产阶级的州立综合性大学，不仅建校宗旨如出一辙——本地职业学校（通常是神职人员培训，如牧师或修女等），就连发展趋势也基本一致——增设了硕士学位、职业类学位课程，并且大量聘用兼职教师。真正顶尖的文理学院有以下四个共同特征：（1）对本科教育的全情投入；（2）带来额外收入的大量捐赠；（3）择优录取的招生程序；（4）80% 或以上的全职教师比率。

宇宙的主宰者

我们录用的绝大多数建筑师毕业于两类学校：普通的州立技术院校和顶尖的研究型大学。对于普通州立大学的毕业生，我会立即安排他们上岗，头一个星期他们就会有产出。顶尖大学的毕业生则要经过大量的专业技术培训。但5年后，顶尖大学毕业的已经当上了项目经理，而普通州立学校毕业的还在后面的格子间里执行生产任务。

——奥莉维亚，建筑师

在顶尖文理学院的基础上，往这个容器里再添上医学院、法学院、商学院、制药实验室、粒子加速器、一些知名的体育联盟以及数十亿美元的捐赠。盖子一拧紧，内压就上来了。需确保所有人都清楚这里的期望值有多高，凡是不完美的结果就等于失败。

欢迎大家进入这台机器。

"决策者"的学校均为全美科研重镇机构，提供学士、硕士和博士学位课程，在校研究生的人数往往是本科生人数的两倍之多。这些大学组成了一个精英俱乐部，首屈一指的当属常春藤盟校（Ivy League），清一色的古老校园，坚实的资本根基：布朗大学、哥伦比亚大学、康奈尔大学、达特茅斯大学、哈佛大学、宾夕法尼亚大学、普林斯顿大学和耶鲁大学。紧随其后的是为数不多的著名私立研究型院校：纽

44

约大学、杜克大学、芝加哥大学、斯坦福大学、麻省理工学院、约翰霍普金斯大学、加州理工学院、南加州大学等。接着是一批以科研为主（也以橄榄球为主）的公立大学中的"旗舰"担当：俄亥俄州立大学、密歇根大学安娜堡分校、明尼苏达大学双城分校、北卡罗来纳大学教堂山分校、加州大学伯克利分校、加州大学洛杉矶分校、威斯康星大学麦迪逊分校、宾州州立大学、佐治亚理工大学、华盛顿大学等。[1]至此，总共 115 所院校。

这些大学的培养目标是让学生将来活跃在全美乃至全球舞台上。因此，学校不会开设诸如室内设计、运动管理之类的学位课程，也不太可能设置像航空技术、社会工作之类的职业技能专业。它们的目标并不是给学生提供上岗培训，而是培养学生成为世界的主宰者。

不管是本科生还是研究生的录取，竞争都非常激烈。

---

1 在卡耐基大学分类法（Carnegie Classification System）中，这些学校的技术术语是 R1 类大学，或"拥有最多科研活动的博士类大学"（Doctoral Universities, Highest Research Activity）。你可以在 http://carnegieclassifications.iu.edu/ 网站"基本分类"目录下，查找学校的所属分类。高教领域的任何人都会对"R1"一词作出同样的回应，他们回答的学校会与我刚才列举的一致。

增加胜算有以下几个途径：出众的体育才能，令粉丝欢呼雀跃；显赫的家族校友，令捐资者深感欣慰；雄厚的家庭财力，令学校发展办公室有利可图。

就读"决策者"院校的学生，身边围绕的是来自全美甚至世界各地的顶尖学者，全球多样性在师资阵容上得到了充分的体现，实可谓"英雄不问出处"。丰沛充裕的资源能为他们所用（正如他们成长过程中经历的那样），他们学着如何利用最得力的工具和最出色的头脑完成最伟大的工作。

如同顶尖文理学院一样，在这里，成功是集体的努力，而不是个人的功劳。集体努力很大一部分要归功于家庭的资助和稳定的师资。实力超群的大学之所以拥有这般实力，部分是因为他们的校友既眷顾着母校，也照拂着同窗，使他们一毕业就能攀上金融、科学、政务、文化等领域的"高枝"。

每所学校都将学生送入适合他们的关系网络，提供符合他们阶级身份的工作、社交及婚恋机会。耶鲁毕业的学生将来会走上宇宙主宰者（自封）之路，他们会经营经纪代理公司或主管联邦政府机构，他们的后代会变得更加有权有 45

势。这些名校生从 20 岁开始，就得经营自己的社交圈，以便 15 年后拿起电话就能安排公司并购或法案起草工作。他们交往的结婚对象，必是能为他们自己和下一代成倍拓展上述社交圈的人选。他们会和早年毕业的校友建立联系，因为这些前辈盘踞的公司正是自己将来飞黄腾达的地方。那些中产阶级大学的学生当然也有自己的人脉，但在性质和规模上是完全不同的。他们会四处打探当地医院或学区人事部负责人的名字，也会在慈善筹款或为某竞选人（当地众议院）拉票时组建一支亲友团。每个人都需要职场和社交方面的人脉。大学的遴选机制在很大程度上决定了学生将来能够进入怎样的人际网络。

在顶尖学府，拥有博士学位的终身制教师随处可见，人数可谓相当充沛。较之科研任务而言，他们的教学负担相对较轻。一学期上 2 门课是常态，经费充裕、产量颇高的学者只上 1 门课或完全不授课。教学量越少，见本科生的次数就越少，而他们的专业知识被集中传授给该专业方向的研究生。这也是参考"师生比例"对了解大学生活有误导之嫌的原因之一。研究型大学有不计其数的终身制教职人员，确实降低了师生比例，但这不能反映听课人数以及约谈任课教师的可能性，因为他们投入本科生教学的时间实在是太少了。

终身制教师人数充裕不代表临时教师不复存在，他们只是换了一种面貌出现。身兼教职的博士后在这些学校里比比皆是，譬如：引进一些完全够格，但没有全职聘用的学者，由他们负责教授或开发某一领域的课程——大一写作课、旨在增加科研领域少数族裔的课、跨专业数学课等。另外，这些大学花大量资金雇用一批博士后研究人员，以应对科研产出的要求。

但是，人数最多的兼职教师群体并不会出现在这些大学的教师名单里。这个群体由那些在自己的研究领域攻读博士学位的研究生组成。在踏上向往的学术之路的训练过程中，研究生助教（一个具有误导性的称呼，因为他们通常没有帮助任何人，只是独自任教而已，偶尔接受监督）每学期要上1门课，通常是为了让他们拓宽所学专业知识面的基础性入门课程。整个备课过程相当于自修了课程大纲里的一门课，无异于博士阶段几乎全程自修的学习模式，而这正是研究生成为学者的必经之路。如果稍加留意，他们就会明白研究水平才能代表真正的成就。这也正是他们博士生导师的

46

做法：教学只是"次要责任"，只是浏览各种工作机会和研究经费时顺手完成的任务，怎么快就怎么来。

不同的意图　不同的结果

这就是在高等教育中存在的四种基本生态系统，各自具有其独特的师生关系。"按需而定"的临时教师问题，或称"兼课教师危机"，不能说是一个波及高等教育各生态区域的无差别现象。从表2中可以看到，兼职教师的数量与其扮演的角色，在不同院校间存在显著差异。

"按需而定"影响了高等教育的方方面面，不过有些学校受到的约束会更大。这与贫富严重分化下许多领域出现的情况一样，那些最需要帮助的学生获得了最少的资源，而利益全都流向了那些本来就拥有资源的学生。

为高等教育喝彩的人不在少数，有的来自学界内部，有的来自推动劳动力发展的立法者，还有致力于提高学位授予水平的智囊团，而且都基于同一个观点：贯穿整个职业生涯，拥有大学学历的人比没有上过大学的人收入更高。

表2　高等教育中的不同生态系统

类　型	工薪阶级学校	中产阶级学校	富裕专业人士学校	决策者学校
学校类型	社区学院、职业学校	州立综合性大学、普通文理学院	顶尖文理学院	公立旗舰大学、私立研究型大学
录取难度	非常容易，来者不拒	比较容易	难度很高，主要参考平时成绩、标准化考试分数及创造力	难度很高，主要参考平时成绩、标准化考试分数及"可以显摆"的个人特长
捐赠	微乎其微；对日常运营来说，可忽略不计	数百万美元；多用于提供经济资助	数亿美元；多用于提供经济资助及丰富校园生活	数十亿美元；机构开展运作的重要资金来源
学费	低或很低	公立：对州内生，相对较低；对州外生，相对较高 私立：相对较高	高或很高	公立：对州内生，相对较高；对州外生，高或很高 私立：高或很高
转学生	常见	很多	很少	公立学校较少；私立学校很少
临时师资	占绝大多数	占多数	占少数，有时非常少	占少数，主要是研究生助教和通识教育课的讲师

　　保罗·福塞尔或许会说："但这不是真相。"因为所有累计叠加的结果都掩盖了具体个案间的巨大差异。一边是家境富裕的学生，在哥伦比亚大学获得公共政策专业学位后，

继续留在纽约发展；一边是出身贫寒的学生，在费瑞斯州立大学（Ferris State University）取得早期儿童教育专业学位后去了密歇根州的大瀑布城（Big Rapids），他们两人的收入水平是不可等量齐观的。全美本科毕业生的起步年薪可能在 5 万美元上下，但若具体到个案，差异是巨大的。

高校管理者和政策制定者总是轻言"高学历带来的薪资优势"（college wage premium），它的意思是，接受大学教育能确保毕业后薪资水平立即得到提高，并且在工作 10—20 年后，收入会有大幅提升的可能。但这句话的立论依据就是错的。并不是上大学就能找到好工作，因为在过去的 30 年里大学毕业生的平均薪资基本没变。所以应该这么说，不上大学肯定找不到好工作，或根本找不到工作。大学教育成了一份不可或缺的就业"保险"，从青铜级的社区学院到白金级的藤校，开放供应不同级别的保单，随意挑选便是。

学生和家长比政策制定者或高校管理者更清楚真实的情形。那就是，在过去几十年里，那些凭高中学历就可以申请的、收入体面的岗位骤减[1]，至少有一部分原因是大学毕业

---

1 Carnevale, Jayasundera, and Gulish, *America's Divided Recovery*.

生的人数已远远供大于求，因此他们不得不接受过去仅仅高中毕业生就可以从事的工作。[1] 与其说"高学历带来的薪资优势"，不如说"高学历提供的生存保障"（college wage defense）——这一纸文凭好比湍流中的救生筏，是可以保命的。于是，人人趋之若鹜那是自然的，否则就要性命攸关了。[2]

只是，如果所有人都参加了棒球职业联赛，那比赛就不怎么吸引人了。同理，当全美 70% 的高中生都升入大学，很多本科课程上起来就不会那么精彩了。那些普通大学或下班时段的课程，那些八年级中学水平的阅读课程或大一、大二学生（随时可能辍学）的专业基础课程，都是交给临时教师完成的任务。而那些为精选的优质生源准备的精彩课程，才是终身制教师的自留地。

49—50

1　参见 Burning Glass Technologies，"Moving the Goalposts"；Goodman and Soble，"Global Economy's Stubborn Reality"。由于研究生学位也不如从前"值钱"，这种现象不仅仅发生在拥有大学学历的人身上；参见 Green and Zhu，"Overqualification"。

2　可能真的性命攸关，参见 Brown and Fischer，"A Dying Town"。

第四章

"临时大军"
养成记

许多本科生并未意识到一个事实：能提供稳定工作、福利待遇以及可靠收入的文科类职位数量在下降（收入通常比其他专业同等学历要低得多）。他们并不知道自己可能面临居无定所的处境，也可能会在 6 年考察期满后因各种原因不得留任。他们似乎以为，成为一名文科教授是指日可待的事——比起努力站稳脚跟的自由撰稿人、演员或者运动员来说，是更稳妥和更负责任的职业选择——可结果是，等到他们想找补救方案时，一切都已经太迟了。

——引自威廉·潘纳派克
《人文学科研究院：千万别去读》[1]

我丈夫是个医生，他无法理解学术就业市场的情况。他会说："你花了这么些年做准备，到最后连工作保障都没有吗？"他相信我说的话，但是他想不通。

——海伦（博士生，曾任兼职讲师）

1　Benton, "Graduate School in the Humanities: Just Don't Go".

兼职讲师这份工作，可能是非常糟糕的选择——收入很低、没有福利、很不稳定，也毫无学术自由可言。但为什么还会有人自告奋勇呢？这些在"主人"领地不辞辛劳的"奴隶"是从哪儿冒出来的？

供大于求的市场

我妻子（于 1982 年在纽约市立大学研究生院取得环境心理学的博士学位）最近收到一份来自心理学专业"代理执行官"（acting executive officer，这个非学术头衔充分体现了院系的价值观）的校友倡议书。倡议书夸耀了该专业取得的成就，并请求各位校友捐资。他们引以为豪的地方，除了美国联邦三大科研赞助机构〔即美国国家卫生研究所（NIH），美国国家科学基金会（NSF），美国国家儿童健康

与人类发展研究所（NICHD）〕近期赞助的 2500 万美元，
还包括以下这则"喜讯"：

> 在过去 5 年间（2012—2016 年），我们总共培
> 养了 337 位博士生，不少人以历届校友的身份收到此
> 函！恭喜诸位，希望你们的职业生涯已经顺利启航！

　　好吧，常言道，"希望"并不是一种行事策略。心理学
研究生院到底做了什么来确保其博士校友都能顺利踏上职业
发展之路？恐怕没做什么。但这一不断恶化的情况还只是最
原始的数据。据美国国家科研委员会（National Research
Council）给出的排名，该校这个还算不错的专业，在全美
185 个心理学博士点中，位居中游，平均每年输送 70 位博
士毕业生进入一个在全国范围内只开设几百个新的终身制职
位的就业市场。难道他们因此而洋洋得意？这就像把角斗士
训练好以后送到狮子嘴边，多么不堪一击！正如学院评论家
马克·布斯凯（Marc Bousquet）所言，现在，对博士学位
的正确理解是一个人学术生涯的终结。新培养的博士生作
为廉价教研人员的效用一旦耗尽，就会被视为废品而遭到

抛弃。[1]

《美国国家科学基金会博士学位情况调查》（The National Science Foundation's Survey of Earned Doctorates）显示，2014 年新增 3765 名心理学博士。另据《高等教育纪事报》中一个关于职业追踪的研究项目预测，2013—2014 学年，所有四年制大学总共才开设了 326 个终身制的职位。而这些新毕业的博士生全部进入了这个就业市场。也就意味着，每个岗位将迎来 11.5 位拥有博士学历的申请人。

这些博士研究生成了廉价劳动力，或担任任课教师，或做实验室助理，他们维系着一个全美排名第 44 位的博士学位点的日常运作。也正因为他们的付出，学院负责人才能发出捐资倡议书，学院教师才能从科研经费里捞上一笔。说实在的，这与"发薪日贷款业务"有何区别？那些富得流油的人正是通过这种方法，从穷苦绝望的人口袋里多榨出几块钱，一旦觉得无利可图时，就把他们丢弃在大街上不闻不问。这是属于移民者的故事，那些努力拼搏奋斗、不断向上攀登的人并没有意识到，推开上层社会的大门到底需要什么

53

1　Bousquet, *How the University Works*.

样的通行证。

1960 年，全美各专业博士毕业生达 9733 人。到 1975 年，婴儿潮中出生人口壮大了博士生的队伍，使这一数字攀升至 32952 人。2015 年，人数突破至 55006 人。[1] 大约 5.5 万人涌入一个每年只能吸收 2 万人的就业市场[2]，还要与上一年度没找到工作的人同台竞技。还有前年，再前年……年复一年，无休无止。这是一个丑陋不堪的就业市场，一个愈繁荣就愈萧条的就业市场。

但是一些人终究能找到工作，就像一些人总能中到

1　National Science Foundation, *Survey of Earned Doctorates.*

2　这显然是一个近似值。据美国国家教育统计中心（National Center for Education Statistics）《授予学位的高等院校在校教师教员人数统计》（Number of Faculty in Degree-Granting Postsecondary Institutions）显示，自 2003 年以来，全职教师的数量（还记得我们之前的警告）每两年增加大约 30000 人。半数以上的新增岗位是非终身制教职。其实，这就相当于每两年增加 15000 个终身制教职。但这是一个毛增长率，其中还包括我们为填补退休出缺的岗位而增加的终身制岗位需求。从另一个角度说，据一项在工程学领域进行的研究表明，一位教授在其职业生涯中平均能培养 7.8 名博士生，对于人员更替方式单一、系统发展缓慢的体制来说，这个培养数量显得太多了（Larson, Ghaffarzadegan and Xue, "Too Many PhD Graduates"）。因此，你就明白了整件事的复杂程度，以至于无人进行跟踪研究；并且这件事也足够令人沮丧，以至于无人愿意这样做（June, "Why Colleges Still Scarcely Track PhDs"）。

彩票——而没能中奖的我们也因此还守在小超市里，继续排队等待。到底是什么让真正的狼族（wolf）如此强壮有力，从而区别于那些繁殖过剩、饥肠辘辘的丛林野狼（coyotes）？同样需要追问的是，一个学院新人到底如何让自己从众多竞争者中脱颖而出？

直接从"三垒安打"开始

美国国家科研委员会做过一项大规模的博士教育声誉研究，试图对所有已知领域的研究型博士专业进行排名。[1]这项研究采用的方法颇为复杂，但也合乎情理。我们分析结果前，首先要考虑到一点：全美有超过 4800 个不同的博士学位授予课程，分布于约 210 所院校中。博士教育体系之庞大，可见一斑。

· 农业科学（多个种类）：317 个博士学位项目

1　National Research Council, *A Data-Based Assessment of Research-Doctorate Programs in the United States.*

· 生物科学：989 个博士学位项目

· 健康科学：189 个博士学位项目

· 自然科学（包括数学）：916 个博士学位项目

· 工程学：798 个博士学位项目

· 社会科学：930 个博士学位项目

· 人文学科：866 个博士学位项目

　　根据如此壮观的学科版图，你或许能猜到这样的结果：同一学科领域，不同院系的同一专业排名是不一样的。有些博士课程是公认的业内翘楚，而有些则几乎鲜为人知（除非自报家门）。本科教育中会出现的现象，在博士教育里也不例外。"高端课程项目"出品的博士学位，会让求职简历变得更有价值。虽然它也绝不保证求职者能有所获，但能使一份求职申请（每个职位都会收到几百份申请的情况下）进入第二轮的机会大大增加，届时起码还会有人看一看这份简历。

　　博士声誉排名比较类似于院校综合排名，但并不完全一致。比如，常春藤盟校的哲学博士专业，并非个个出类拔萃；比起耶鲁大学和康奈尔大学，斯坦福大学、密歇根大学或纽约大学，也许是更好的选择。但总体来讲，顶尖大学的研究型博士课程都极具声望，而院校也把这种光环赋予了他们的博士毕业生。[1]当然，这肯定并不意味着他们一毕业就是最优秀的教师。事实上，这些博士生当初的培养方向是前沿科研工作者，他们因出色的科研能力而获得褒奖。因此，他们在教书育人这方面投入的时间，可能远不及普通院校的博士生同行。但是，当招聘季来临时，研究型博士课程在声望值方面，仍然是最大的受益者。

表3列举了若干学科领域的情况，分别列出了它们的十强院校。[2]粗看这张表，不难发现一些意料之中的院校名字：耶鲁大学、纽约大学、哈佛大学、密歇根大学、斯坦福大学、芝加哥大学、杜克大学。[3]但细看个别学科的排名

1　如需了解文献梗概，参见 Piper and Wellmon, "How the Academic Elite Reproduces Itself"; Wellmon and Piper, "Publication, Power, and Patronage"。

2　这份十强清单是我自己对他们更为含蓄的方法论的提炼总结；该研究的作者们非常谨慎地采取不直接排名的做法，只是简单陈述了同事对彼此专业的看法。我可不需要像他们一样考虑得这么周到。

3　当然，这只是一份美国院校名单。世界各地都不乏非常优秀的研究型大学，其中有许多院校都在为美国的就业市场贡献博士生。例如，一位牛津大学数学专业的博士毕业生，可以直接与纽约大学或加州大学伯克利分校的毕业生画等号。

情况，你会找到一些从未想到的十强选手，而它们都是特定学科领域的研究重镇。比如美国研究方面，纽约州立大学布法罗分校（SUNY-Buffalo）、威廉玛丽学院（William and Mary College）以及新墨西哥大学（New Mexico University）；生物化学方面，布兰迪斯大学（Brandeis）；动物学方面，俄亥俄州立大学（Ohio State University）和夏威夷大学（University of Hawaii）。这是外行（包括正考虑报考研究生院的绝大多数本科生）无从知晓的信息，但内行却清楚得很。

表3　各学科十强院校

学　科	排名前十的博士学位课程
美国研究	耶鲁大学、纽约大学、纽约州立大学布法罗分校、印第安纳大学、明尼苏达大学、威廉玛丽学院、马里兰大学、密歇根州立大学、新墨西哥大学、堪萨斯大学
人类学	哈佛大学、宾州州立大学、密歇根大学、亚利桑那大学、加州大学伯克利分校、杜克大学、加州大学洛杉矶分校、加州大学欧文分校、芝加哥大学、埃默里大学
生物化学	斯坦福大学、威斯康星大学、布兰迪斯大学、华盛顿大学、圣路易斯华盛顿大学、杜克大学、范德堡大学、罗格斯大学、纽约州立大学罗切斯特分校、凯斯西储大学
化学工程	加州理工学院、德州大学、加州大学伯克利分校、麻省理工学院、加州大学圣塔芭芭拉分校、明尼苏达大学、普林斯顿大学、密歇根大学、斯坦福大学、威斯康星大学

学　科	排名前十的博士学位课程
经济学	哈佛大学、麻省理工学院、芝加哥大学、普林斯顿大学、加州大学伯克利分校、纽约大学、斯坦福大学、宾夕法尼亚大学、耶鲁大学、西北大学
历史学	普林斯顿大学、哈佛大学、芝加哥大学、约翰·霍普金斯大学、哥伦比亚大学、斯坦福大学、纽约大学、宾夕法尼亚大学、加州大学伯克利分校、北卡罗来纳大学
语言学	宾夕法尼亚大学、芝加哥大学、马里兰大学、斯坦福大学、加州大学伯克利分校、麻省大学、西北大学、俄亥俄州立大学、麻省理工学院、南加州大学
数学	普林斯顿大学、纽约大学、加州大学伯克利分校、斯坦福大学、哈佛大学、密歇根大学、麻省理工学院、宾州州立大学、威斯康星大学、加州理工学院
哲学	芝加哥大学、普林斯顿大学、罗格斯大学、密歇根大学、加州大学伯克利分校、纽约大学、麻省理工学院、斯坦福大学、卡内基梅隆大学、匹兹堡大学
社会学	普林斯顿大学、哈佛大学、宾夕法尼亚大学、密歇根大学、哥伦比亚大学、德州大学、北卡罗来纳大学、杜克大学、斯坦福大学、芝加哥大学
动物学	威斯康星大学、华盛顿大学、俄亥俄州立大学、迈阿密大学、华盛顿州立大学、密歇根州立大学、北卡罗来纳州立大学、夏威夷大学、佛罗里达大学、俄克拉荷马大学

资料来源：美国国家科研委员会，《基于数据的研究型博士学位课程评估》（Data-Based Assessment of Research-Doctorate Programs）。

由于博士毕业生的过量供应，普通院校不再从普通院校的毕业生中招聘教师，这些院校现在也收到了名校毕业生的求职申请，因为这些毕业生并不都能留在顶尖院校任教。如此一来，从顶尖院校到州立综合性大学，都在名校毕业生中择优录取教师人选，而不再仅仅考虑来自普通院校的优秀毕业生。我认识一位年轻的助理教授，拥有排名前 5 的名校博士学历，并在美国国家卫生研究所下属的机构从事了多年的博士后工作，她最近应聘到一所普通院校的生物学本科专业任教。这实为大材小用的典型事例了！然而，鉴于她之前在名校就读和在著名实验室工作的经历，讲授生态学及进化论的基础课程似乎很快会让她心生厌倦。于是，为了让她能一直兴致勃勃地待下去，能在专业方面不断产出，她的新东家不得不斥资置办研究设备，从而使整个学院偏离了本科教育原来的大方向（估计再过 10 年，她可能会有自己的博士生课程项目吧）。

普通院校的博士专业课程又是什么样的呢？在这里不妨举几个例子。我们就不具体点名了。

· 某公立大学设有 11 个博士课程项目，但没有一个位列该学科领域排名的前 1/2，其中 7 个专业排名垫底。

·某公立大学设有 17 个博士课程项目，但没有一个位列该学科领域排名的前 1/2，其中 13 个专业排名垫底。

·某私立大学设有 14 个博士课程项目，只有一个位列该学科领域排名的前 1/2（险些出局），其中 11 个专业排名垫底。

这些院校到底在兜售什么产品？向谁兜售？这些院校的学生清楚自己购买的究竟是什么产品吗？

这些博士课程之所以存在，与其说是为了研究生这一消费群体的福祉，不如说是服务于院校机构和其终身制教职人员的利益。有了博士课程项目，大学就有更多获得科研资助的机会；就能见证他们在卡耐基分类（Carnegie Classification）上从"硕士学位点"到"博士学位点"的定位转变；就能让终身制教师借着担任研究生导师责任加重的名义，推掉一部分教学工作；就能拥有一大批义务劳动的教研人员，而他们的酬劳只不过是减免学费而已。

对于希望招收学生的大部分院校来说，把实情告诉他们是没有任何好处的。但至关重要的一点是，博士专业课程的开设并不意味着所有博士学位都会被视作等价流通的货币。大学教师招聘委员会将根据以下三个要素解读所有的博士学历："我在 _____（院校 / 系所）取得 _____（学科 / 专业）博士学位，博士生导师是 _____。"应聘者的求职胜算主要取决于以上三个要素，而研究生在读期间的平均绩点并没有那么重要。[1]

后继无力的杂交品种

博士生培养项目的另一个缺陷在于那些日益增加的跨学科（专业）课程，这些"跨学科"产品无法被这个以单学科为主导的就业市场消化。一般来说，学者的资历越深，其学术旨趣就越有可能跨越某单一学科的边界，于是产生了许多跨专业的交叉学科：社会科学与建筑学结合（如我自己修

1　有关证明这种声誉力量的研究，参见 Causet, Arbesman, and Larremore, "Systematic Inequality and Hierarchy in Faculty Hiring Networks"；Amir and Knauff, "Ranking Economics Departments Worldwide on the Basis of PhD Placement"；Claypool et al., "Determinants of Salary Dispersion"。

读的环境行为学），历史学与工程学结合（如科学技术发展史），各国语言与人类学、政治学结合（如亚洲研究）等。只要资金与游说到位，这些课程就能招到博士生。它们确实各有各的精彩之处，对理解我们身边的各种现象也提供了重要的新思路。然而，就像生物种群之间的交叉繁衍一样，求偶过程固然新鲜有趣，但生下的不伦不类的后代，终究没有后续发展的可能性。驴归驴，马归马，各回各家，最好不过；这两个物种的杂交品种（就和跨专业研究生一样）——骡子，生下来之后，也派上了很多用场，但却因为"非驴非马"的特殊身份，从来不被任何一方所接纳。只要高等教育招聘工作的主体是各院系自己，那么对"纯正的学科背景"要求就不会改变，永远不会。"非此非彼"的学科背景以及后继无力的事实，使跨专业博士生被主流院系拒之门外。不过，他们在拉动"学术马车"方面还能发挥一些余热，还能为推动学术事业发展一路狂奔，直到精疲力尽地倒在路边。[1]

58

跨学科研究是为那些已有建树的学者所准备的特权。

1　有大量相关评论来自有教师招聘经验的人。比如，参见 Cawley，"Job-Market Mentor"，and Kelsky，"The Professor Is In"。

2014 年，第八届全球研究生教育年度峰会（Eighth Annual Global Summit on Graduate Education）发起了支持跨学科研究生教育的倡议，甚至建议高校"重视教师任期与晋升中的跨学科导师制度或科研工作"。但是，这些原则却对招聘惯例只字不提，一大批即将入行的学者只能自谋出路。[1] 诚如一位评论人所言，"跨学科研究会成为一个危险信号。它给管理层透露了这样一条信息：你并不一定适合我们院系，在经费紧张的情况下，对院系身份的认同尤为关键。我们比较希望你在加入我们之后，再开始进行跨学科研究，而不是在入职之前"[2]。

鉴于博士生人数呈泛滥之势，对此，控制每年博士学位颁发数量的声音时有耳闻，但大多停留在抬高准入门槛的层面上（再次施压于博士在读学生和潜在学生身上）。为什么我们不对院校施压呢？为什么我们明知拥有学术含金量的博士点少之又少，却还要设立 4800 个以院系为单位的博

1　Council of Graduate Schools, "University Leaders Issue Statement on Interdisciplinarity in Graduate Education and Research".

2　Raschke, "There are No Jobs".

士点呢？[1] 为什么这 4800 个博士点有成千上万名论文导师，但愿意或能够引领年轻学子通往学术殿堂的却少之又少？为什么我们不让每个院系和每个博士生导师，每隔几年展示一下他们所培养的学生，让那些没有培养新人和只培养"跨学科人才"的导师从此消失呢？

赢在起跑线：始于 30 岁的年龄歧视　　　　　　　59

大学教授中有相当多的一部分人，他们恰好获聘于博士人才稀缺的年代。当时，大学的发展速度，不仅在数量上，而且在专业覆盖面上，都超过了合格师资的供应速度。即便下一代人遭遇了职业准入难度不断加大的困境，他们依然占据岗位资源，照样一路晋升。顺便说一句，很多行业遇到了此类情形。圣路易斯联邦储备银行（Federal Reserve

---

1　这不仅适用于博士学位，也适用于其他被认为能使人获得大学教学资格的终端学位。比如，参见 Simon，"Why Writers Love to Hate the M.F.A"。由此，我们看到，每年颁发 3000—4000 个创意写作硕士学位，但 2014—2015 学年只发布了 112 个创意写作的终身制教职。

Bank of St. Louis）发现，在过去 15 年间，大批年长的员工依然活跃在原来的岗位上，而刚进入招聘市场的年轻人却要大费周章，才能堪堪叩开某一行业的大门。[1] 在高教领域，年事渐长的教师都享有终身职位，新人入行门槛因此更高了。

> 选择这个职业，并不只是出于天真的想法，可能还有那些 20 世纪 60 年代末思想成熟的同龄人都会有的那种敏锐直觉，没有经过太多深思熟虑……
>
> ——约翰·科姆罗斯（John Komlos）[2]

20 世纪 60 年代末，在大学教师职业发展的道路上，盲目随意的路数或许是可行的——我们等一下再来讨论为何"婴儿潮"让这种路数能行得通。然而，如今这个生态系统里的物种数量已然超标，成为一名大学教师之艰辛程度，不亚于成为一名出色的运动员，因为从幼年起，他们身上就集

1　Emmons, "Older Workers Account for All Net Job Growth since 2000".
2　Goldsmith, Komlos, and Gold, *The Chicago Guide to Your Academic Career*.

中了大量人力和物力的付出。按照科姆罗斯那样草率行事的人，很可能会像参加印第安纳波利斯 500 英里大奖赛的出租车司机一样，要不了多久便落得一个粉身碎骨的悲惨下场。

哦，对了，科姆罗斯可能忘记提了：他在芝加哥大学获得历史学专业的硕士和博士学位，该校这一学科始终保持全美五强的研究水平。另外，他师从诺贝尔经济学奖得主罗伯特·福格尔（Robert Fogel）。好吧，他只是凭直觉碰巧遇上这一切。

我所访谈的许多兼职教师，都是很晚才接触到自己的 60 专业领域（和我一样）。

> 我本科学的是国际关系，当时是想追随我父亲从政。后来我决定放弃，硕士研究生读了英语专业，又继续攻读了该专业的博士学位。
>
> 我的（硕士论文）导师鼓励我投身学术事业。"你跟学生处得很好，也发表过论文，你真的很适合这行……"我就这么陷进去了。
>
> 我一直很想当老师。我在高中、大学、研究生

院都教过书，这是我的一种身份认同。我并不想当教授，我不知道那是做什么的，不知道应当起到什么样的作用。但我的本科导师问我，是否考虑当一名教授？现在回想起来简直不可思议，就是那次喝咖啡聊天，改变了我的职业生涯。我知道自己喜欢思考各种新问题，也喜欢跟别人讨论这些问题，但是，当一名教授的想法，对我来说还是有点陌生。

我父母都拥有博士学历。父亲读的是统计学；母亲是学医的，是一名医生。他们觉得我应该读金融学，然后找一份银行的工作。我读了金融学方向的工商管理硕士，然后又取得了艺术史专业的博士学位。

我一直很喜欢艺术，但我们家并不支持，于是我一路读上来，选了政治学方面的专业，希望能从事外交工作。但自从我念本科开始，一直到研究生毕业，外交方面的工作非常难找。所以我决定做一次重大的人生跳跃，想做点自己热爱的事——艺术与建筑。

如今，成为一名终身制教师的过程无异于成为一名职业冰球选手。你得从 4、5 岁就开始一路过关斩将，在体育发展联盟中脱颖而出，为全美青少年赛队效力，或许还得考上美国大学体育协会（NCAA）冰球项目的四大盟校才行 [正如马尔科姆·格拉德威尔（Malcolm Gladwell）在《异类》(Outliers) 一书中所言，你最好能掐着点出生，正好卡在年龄组起算的那一天。这样一来，你一直会是各年龄段同龄孩子中最身强体壮的那一个]。你的竞争对手总有这样或那样的人生优势，而你必须找到能与之势均力敌的某种方式。

61

对学者而言，这意味着，你得出生于书香世家，顺利考上名牌大学的本科，然后攻读名校的博士学位，在这期间不能因为工作或其他某种冲动严重耽误求学进度。[1] 这还意味着，你一拿到博士学位，最好能立即成为科研项目的助理，以共同作者的名义发表论文，并得到主要科研资助机构的认可；而不是立即参与助教工作——这只能说明你成了一

1　在这种情况下，"优秀本科专业"的称谓更倾向于授予里德学院（Reed）、斯沃斯莫尔学院（Swarthmore）、巴德学院（Bard）和格林内尔学院（Grinnell）这样的文理学院。这些学院的毕业生，升读博士生的比例远远高于大型院校。参见 Reed College, "Doctoral Degree Productivity"。在大学期间培养涉猎广泛的求知欲，被认为对日后"术业有专攻"的好奇心是有益的。

名默默无闻的教学服务人员。一位 30 岁左右取得博士学位的青年学者，自然会得到经历相仿、条件相似、同样幸运的同行的认可。历史学家玛伦·伍德（L. Maren Wood）总结了人文学科领域的相关数据，结果有 50% 新招聘的终身制学者都处于博士毕业论文的最后阶段或论文完成后的一年内。招聘人数随着毕业后的年数逐年减少，直到消失殆尽。[1]在自然科学领域，实验室博士后的工作，可以在某种程度上延长毕业后的有效期；但不管怎样，当最后一个助研项目临近尾声时，那种"时不我待"的感受会越来越强烈。

最近，我刚参加了明德学院作家会议。我的议题组长彼得·霍·戴维斯（Peter Ho Davis）是一位出色的小说家，也是密歇根大学的一位教职员工，他批阅了我正在创作的一部小说的前几章内容。小说的主人公是这样设定的：31 岁，拥有博士学位，刚完成了博士后研究工作。我觉得写得比较恰如其分，也许还有些雄心勃勃的意味。但彼得把这几处都圈了出来，并在空白处写道："要不改成 27 岁或 28 岁？"彼得自己在 30 岁那年成为终身制教师，而我到 38 岁才完

1　Wood, "Who Lands Tenure-Track Jobs?"

成博士论文，等第一份博士后工作完成时，我已经 48 岁了。如果我是待售的商品，那么我的条形码已经把我清楚地列为"过期商品"，注定只能在"一元店"里降价出售了。[1]

没有引荐人，就没有工作

商业作家哈维·科尔曼（Harvey Coleman）总结了一套事业有成的秘方，取决于 3 个部分，即表现（performance）、形象（image）和曝光量（exposure），（或简称"PIE"，商业大亨每讲两句话，必出现一个首字母缩略词）。[2]科尔曼进一步对这 3 个要素做了"量化假定"（faux quantification），认为事业有成的具体配方是：10% 的表现，30% 的形象以及 60%的曝光量。对于百分率的精确度，我不敢苟同，但我觉得他的总体判断是正确的。抱着"精英主义"的理念，我们坚信"表现好坏能够说明一切"。然而，表现得好与不好只是一块

1　另参见 Jaschik，"Bias against Older Candidates"。
2　Coleman，*Empowering Yourself.*

敲门砖，只是为了让另外两项要素有机会登台亮相而已。表现差劲的学者，肯定会被拒之门外；但表现上佳的学者，也只不过获得进入第二回合的资格罢了，接下来要考量的两项标准，权重更大。

"表现"部分衡量的内容包括：求职者的博士学历，正式出版及发表演讲的经历，协助获得科研资助的能力等。这些内容大多是求职者本人可以掌控的，但也不绝对。比如，某博士生所在的实验室条件一般，或所在机构中的各种资源不足以让其获得相关研究方向的资助。如果能就读于一所顶尖院校，其履历上的资助记录当然会更出彩。又比如，一般院校图书馆的人员配置，哪里比得上大名鼎鼎的加州大学伯克利分校主图书馆（Doe Library），那么这位博士生在查询核心期刊和档案资料时，就无法得到一对一的馆藏服务与帮助。此人的才华可能同样出众，但才华的展现是需要依靠资源条件的，而这样的资源，不是所有大学都具备的，也不是所有导师都能提供的。

"形象"部分主要是先天因素决定的，不过，找个好裁缝或多去健身房也会有帮助。此外，求职者的形象要素还仰赖于招聘委员会如何进行解读，这种解读是不以求职者的意志为转移的。譬如，40多岁的应聘者，在竞争激烈的就业市场会遭遇一段痛苦的求职过程，因为对新员工的形象要求是30岁的样子。佩戴婚戒的育龄女性，会被视为携带一种风险因素，因为她尚未实现的生产能力会被她尚未兑现的生育能力所损害。如果院系成员向来都是白人，那么"有色人种"很难通过"我们院系的最佳人选"这一关。我们向来都清楚，这些未曾言明但真实存在的形象标记，就和表现的好坏一样重要，决定着我们的成败与去留。[1]

"曝光量"是占比最大的成功要素，这更多是博士生论文答辩委员会诸位成员的责任，而不是这位学院新人自己的责任。任何群体接纳新人都需要一位引荐人，一位愿意牵线搭桥、给予帮助、疏通关系，使整个过程更加顺畅的现任成员。这里，我们犯的另一个常见错误就是想当然地认为一切关乎教育的事情只发生于课堂之内。然而，使一名博士生成功走上教研岗位的背后，其实是现任教职人员的努力，而这一切发生在课堂之外。

---

1 如参见 Gasman，"The Five Things No One Will Tell You about Why Colleges Don't Hire More Faculty of Color"。

我读博士生课程的时候，有位终身制教授每个月都例行聚餐，把自己带的博士研究生全部请到家里，顺便浏览、切磋各自的简历和求职申请信。她努力帮助每一位学生瞄准职位空缺，把他们的研究方向尽可能朝着特定的申请目标去进行润色包装。她做了其他同事不曾做的事，把学生送到一扇扇本不可能为他们开启的大门前，引荐给那些可以启动招聘计划的资深学者，并建立人才合作联盟。毋庸置疑，她的博士生比起其他同事的学生来说，就业情况理想得多。导师的工作责任是明确的，必须采取与其他学术领域方面一样的严格标准来加以规范，这样才能确保博士生最后能成为高校教研队伍的一员。

美国的博士研究生教育分为两个阶段：一是课程学习阶段，以全面的综合性考试和论文的开题报告为终结；二是论文答辩阶段，由经全面审核的博士生自行完成课题研究。凡论文答辩期间，没有持续、全面地帮助每个学生成功跻身学术圈的博士生导师和博士生课程项目，都有失职之嫌。他们的罪过在于，把价格不菲的教育产品兜售给天资聪颖、不乏潜力的学生，一经出售，概不负责。在泡沫经济时代总会发生这样的事，那些房产销售人员总想洗脱自己的罪责，然

64

而，污点是洗刷不掉的。

另谋出路的文化困境

在博士生教育界，有许多关于"帮助学生另谋出路"（alt-careers）的评论文章，意思是他们的聪明才智可以有更多的用武之地，不必拘泥于学术圈的生存和发展。尽管兼职教师和博士后研究人员确实可以离开高校，投入制药或金融行业（收入总比当个教授来得多），但是，那种在优质的博士教育过程中训练形成的思维模式，并不适合大部分职场环境。让-保罗·萨特（Jean-Paul Sartre）曾把知识分子归为两类，一类是"有机型知识分子"（organic intellectuals），即商业社会中有机生成的、满足特定需求的学者；另一类是"批判型知识分子"（critical intellectuals），即思考宏大命题、不考虑技术与功用问题（比如，思考正义、道德或不确定性等问题）的学者。[1]

1　Sartre,"A Plea for Intellectuals".

商业领域奖励的是"专业性"——那种你知道你能将事情做得又快又稳妥的能力。而学术领域奖励的内容刚好相反——那种持续存在的"不确定性",那种对现有知识和现有做法的不满,以及重新审视自身认知基础的冲动。之所以把学术型博士学位称为"哲学博士"是有原因的,因为不管什么专业,都是以拥有批判精神为目标来训练博士生的,使他们带着玛莎·格雷厄姆(Martha Graham)所形容的"一种古怪而神圣的不满、一种受到祝福的不安"遗世独立。这种不满,与银行和保险经纪公司的职场氛围格格不入,它既不能应付季度性投资总结报告的要求,也无法适应超市或政府办公室的管理工作。据我的经验,它同样不适应大学的管理之需,因为学术管理工作更像是在经营一家饭店,而不是当好一名学者。

博士生倘若训练有素,其结果是,他们将无法适应其他的生存方式。他们紧紧抓住学术这条路,不肯轻言放弃,不只是因为他们一厢情愿地认为,通往学术的那扇大门终会打开,而是因为这就是学者认识世界的方式,但一颗永不满足的"好奇心",在别的职场上并不那么受人欢迎。

65

先上钩　再调包

我跟他们说，我想要一份全职工作。可他们跟我说，他们没钱开设那样的职位。工作 10 年后，我在 2016 年的夏天辞职了。接着他们得到一笔钱，发布了一个终身制的职位，我就申请了。

——妮可，兼职教师

我找到（某学院的）这份兼职工作的时候，真有种一只脚已经踏进这个行业的想法。他们开设了这个全职的非终身制职位，我是最终候选人，我也感受到了作为年幼孩子家长的不利因素。而且，我意外发现另一位同事也入围了，并且她在这个学校已经干了整整 25 年。最后的结果是，我们谁也没被选上。

——丽贝卡，兼职教师

"入门"的游戏规则改变了。招聘过程中，职位说消失就消失，或者不再是原先说好的样子——他们不按规矩招人，或者招来的人跟职位描述没什么关系。说好的长期聘用，变成了有续聘可能的一年制合同。招聘启事上明明写的是终身制，招聘过程中却莫名其妙变成了逐年续聘。

——保罗，兼职教师

作为"按需而定"现象形成的一部分原因，我们可以关注其生产过程中的种种缺陷，但其消费过程中的缺陷，同样难辞其咎。

在与临时教师交谈时，我发现他们经常有一种"愿者上钩"的感觉。有的学校开设了几门课程，并暗示他们（由于措辞含混，法律上无可指摘），其工作性质等同于一个"职位"，若授课任务完成得出色，或有可能"很快"成为长聘人选。接下来的一学期或一学年，这位充满干劲的教师表现相当不错。院系主任也会说，干得漂亮，多么有幸能得到像你这样的英才之类的话。于是，她又得到多教 2 门，甚至 3 门课的机会。如果换作其他工作，这明显是升职加薪的前奏了。

诱饵就这么下好了，圈套就这么布好了。

兼职教师的岗位不会转为终身制教职，兼职员工也不会因为工作表现出色而得到长期聘用。终身制职位——即便是末流院校（如西北部中央农工州立学院）的终身制职位，也会在全美范围内进行公开招聘。学院不会在试用过程中招人，教师也不可能通过一路奋斗成就"终身"事业。博士后研究人员或兼职教职人员，必须恪守本分，他们的职位就是在特定时间里完成特定工作，获得特定报酬，除此以外无任何进一步的保障。兼职教师不但得不到长聘工作（如果确有其事），还有可能因为兼课导致其获聘的机会变得更少，理由是：（1）论文完成后，闲置越久学术越荒废。（2）仅仅被当作"教师"而已，自降学者身份。我有一位朋友，在东部地区一所研究型大学兼职授课 3 年之久，口碑极好。好到什么程度？她所在的院系招聘委员会甚至邀她一起参与终身制职位的招聘工作，上司让她不必浪费时间自己去申请这个职位——毕竟，她只是一位授课教师。

不过，诱饵看起来真的非常诱人。重回课堂的感觉真好，".edu"结尾的电子邮件地址也叫人心满意足，一听到上司高度评价你的工作，一看到课程打分时学生的溢美之词（对你，也对他们自己的能力），就更是冲昏了头脑。兼职教师的想法发生了奇妙的转变，他们经年累月地投入一份只给了"一半承诺"的用工合同，并相信自己也许会得偿所愿。

以有朝一日能被长期雇用为诱惑，让人抱着如此渺茫的希望前往某校任教，这是不道德的。我明白，突发情况随时可能发生——比如，依据经费而设的终身制职位，可能因67—68为生源不足而无法兑现。但这种事发生得未免过于频繁了，这么多聪明人都遭逢此事，很难让人相信每一次都只是偶然事件。短聘或长聘，校方态度暧昧并因此受益，而受雇方却饱受"关系始终不确定"的折磨。建立以诚相待、长久稳定的关系到底有没有希望呢？又或者，仅床头柜上一封百读不厌的情书就该叫人知足了呢？

第五章

如果不给教师付薪，学费为何如此高昂？

69

学费飙升，学生贷款也跟着水涨船高，这是众人皆知的情况。全美大学毕业生（包括那些竭尽全力但没能毕业的学生）的学费贷款累计已达到 1.4 万亿美元，远超全美购车贷款或信用卡欠款，仅次于购房抵押贷款。从 1976 年我读大学那会儿到今天，学费的增速是通货膨胀速度的将近 3 倍。表 4 显示了全美平均学费的变化，数据根据 2017 年的美元价值进行了通货膨胀的调整。[1]

乍看之下，不妥之处显而易见。在这期间，院校成倍地依赖廉价的临时师资，而学费竟升至原来的 3 倍之多？天哪，一定有人从中牟利了！

是的，确实如此，但也并非如你所想的那样。即使院校雇用了大量的临时师资，高等教育的支出仍在大幅增加，

1　College Board，"Tuition and Fees and Room and Board over Time"．

就好比医院大量启用准专业的医护人员，但医疗费用仍在急剧增加，道理是一样的。下文将分析为何学费一直上涨，却不能提供一支庞大且稳定的教师队伍。

大学经费从何而来？

不论规模大小或建校背景，高等院校的经费来源，本质上不外乎这三种：教育服务费用、财政拨款或宗教性质的资助经费以及投资收益和捐赠收入。

70

纵观美国高等教育史，在大部分情况下，这三种经费来源都具有"可预期的效果"。首先，教育服务费用，主要表现为家长所支付的学费，以确保他们的儿子（后来也包括女儿）能"妥善结业"为回报。其二，资助经费，针对的是更宏大的、事关社会价值及人生理念的目标建设。最后，捐赠收入及其收益成全了院校的经济独立性——由于消费者与投资人在经费方面难免指手画脚，这笔可以"任性处置"的财富让院校得到了一丝喘息的机会。

表 4　学费增长：1976—1977 学年至 2016—2017 学年（数据经通货膨胀调整）

	州内生学费		
	2 年制公立院校	4 年制公立院校	4 年制私立院校
1976—1977 学年	1210 美元	2650 美元	10860 美元
1986—1987 学年	1480 美元	3160 美元	14880 美元
1996—1997 学年	2280 美元	4640 美元	20260 美元
2006—2007 学年	2730 美元	6980 美元	26830 美元
2016—2017 学年	3530 美元	9840 美元	34100 美元
40 年数据变化	292%	371%	314%

资料来源：美国大学委员会《学杂费》。

　　以上三种经费情况虽延续至今，但已变得空前复杂。教育服务费用依然包含学费和住宿费，这是毫无疑问的。问题是，校方在利用其他资产变现方面也更驾轻就熟了。从小的方面来说，他们将部分校园设施对外出租并从中谋利，包括举办足球夏令营、成人教育周以及学术会议等；通过向当地企业提供咨询服务来获利，比如说，在研究设计、市场推广、农业实践等方面出谋划策；通过开设继续教育课程及研讨班来盈利。此外，还推出了无数校园周边产品：带有校徽的连帽衫、印有吉祥物的马克杯、带校名水印的手机壳、用于车尾派对的便携式冷藏箱以及可以放在个人娱乐空间里的

71

高脚凳。

不论是大型公立院校，还是私立研究型院校，科研资助已经成为大学经费的重要来源。除联邦政府拨给美国院校数百亿美元的项目资助外，生物医药、制药、农业等行业也通过合作研究的方式投入了几十亿美元资金。举个极端的例子，麻省理工学院 2015—2016 学年总学费收入为 3.4 亿美元，而当年该校的研究经费则有其 5 倍之多，高达 17 亿美元。[1]此外，当大学里的发明转化为专利成果时，这些研究便有了延迟收益，即专利许可费。这已经不是纯粹的高等学府了，而是恰好与高校挂钩的国家级实验室。

即使像西密歇根大学（Western Michigan University）这类几乎不以研究为主的地区性大学，科研资助及相关协议带来的资金也占到学校当年经费收入的 7%。[2]因为科研经费非常重要，所以大型院校全神贯注于对它的争取。小型院校也无一不积极效法——丰沛充盈的科研资金犹如一座巨大的水库，他们都希望能够凿出一口井，为己所用。

---

1 Massachusetts Institute of Technology，"MIT Facts：Financial Data"．
2 Western Michigan University，"General Purpose Financial Report 2016"．

再说第二种经费来源，即来自地方政府和教派组织的资助，近年来呈大幅削减之势。私立院校常与有教派背景的建校者断交，而教派组织也的确不如 50 年前那般出手阔绰。公立院校遭遇的情况则是，过去几十年来，州政府对于高等教育的拨款力度已经跟不上院校各项开支不断上涨的速度。美国研究所发现，仅 2003—2013 年，在不同类型的院校中，学生人均财政拨款数额均呈下降趋势。降幅如下：社区学院下降 9%，四年制本科院校下降 16%，招收硕士生的院校下降 25%，招收博士生的学校及研究型大学则下降 28%。[1] 缓慢攀升的政府税收无法追平大幅扩招的学生人数，也无法看齐如今大学所提供的更加丰富多样的学术支持及学生服务。就拿佛蒙特州来说，1980 年，50% 多的公立院校经费来自地方财政拨款，而今该比率降至 19% 左右。[2] 在我的家乡密歇根州，公立院校经费的变化趋势也一样。20 世纪 80 年代中期，财政拨款曾占 60% 左右，今天却只占

72

---

1 参见 Desrochers and Hurlburt, *Trends in College Spending*。弧线越长，情况越糟。参见 Archibald and Feldman, "State Higher Education Spending"。
2 Vermont State Colleges, "Presentation to the House Appropriations Committee".

20% 左右。[1]

削减财政拨款的部分原因，与党派分歧和地区立法机构的"红色转向"（Red Shift）有关。教育研究人员克里斯托夫·纽菲尔德（Christopher Newfield）仔细记录了一段新近的历史——公众对学术生活产生怀疑，而这种怀疑是人为操纵的——从美国众议院非美国活动调查委员会到威廉·鲍威尔（William Powell），从美国商会到当代"自由主义偏见"的神话缔造者，在他们的共同努力下，美国人对大学教育具有更广泛功能这一观点的信任度和支持度大打折扣。[2]人为操纵的怀疑确实奏效了。现在美国人对高等教育的态度显示出强烈的党派分歧。2017 年，皮尤研究中心（Pew Research Center）一项民意调查显示，58% 的共和党受访者认为，高等学府"对国家的发展方式具有负面影响"；72% 的民主党受访者则认为，高等学府是国家的一股积极力量。[3]这不是一个良好的开端，各州立法机构无法据

1 Fichtenbaum and Bunsis, "Analyzing University and College Financial Statement".

2 Newfield, *Unmaking the Public University.*

3 Pew Research Center, "Sharp Partisan Divisions".

此制定出能同时得到两党支持的资助计划。

　　另一个不涉及党派之争的解释源于这样一个事实：各州立法机构之所以为其高等教育系统提供资金，完全是出于对当地经济利益的考虑。然而，大学给的投资回报不像从前那样本地化了，对当地财政支出的吸引力也随之降低。农村地区一直对"受过教育的精英人士"抱有敌意，原因之一是教育几乎完全是农村通往城市的一扇单向大门。农业、矿业以及伐木业人士，又怎么会对失去更多最聪明、最有能力的孩子感兴趣呢？更多学校招收州外学生，就有更多极其出色的毕业生前往其他地区的大都市发展。因此，当地政府发现高等教育不再是一个具有吸引力的投资目标。

　　最后谈谈第三种经费来源：捐赠与投资。相信我，本地社区学院就没有从校友那儿得到过太多捐资。而常春藤盟校的校长们，其任职资格就体现在具有发起动辄数十亿美元慈善活动的能力。还记得麻省理工学院全年 3.4 亿美元的学费收入吗？就在同一年，它收到了 1.62 亿美元可支配的捐资及遗赠收入。仅仅从 148 亿美元的捐赠资产总额中，拿出 5%（即 7.31 亿美元净值）用于年度运营，其数额就相

73

当于全年学费收入的 2 倍多。[1] 换句话说，就凭麻省理工那一年捐资的零头，就足以支付隔壁邦克山社区学院及其 13000 名学生的全部运营开支，而且是整整 8 年的全部开支。[2]

经费不稳定　师资不稳定

顶尖院校，不管像里德学院这样的文理学院，还是俄勒冈大学（University of Oregon）这样的旗舰型公立大学，它们拥有的无形资产之一是人们趋之若鹜的名牌效应，想要入学的学生人数远远多于学校能够接纳的总人数。院校录取难度是调节其经费收入的有力工具，因为学校可以据此准确预测，在新学期到来之际将会有多少资金入库。而其他院校只能年复一年地进行大致猜测，这也是导致"按需而定"的师资泛滥的动因。

我们先来想象一所普通大学的情形，就叫它哈佛吧。

1　Massachusetts Institute of Technology，"MIT Facts：Financial Data"．
2　Bunker Hill Community College，"Financial Statements"．

哈佛每年都会设定一个最优化的新生录取目标，一个确保能给予学生预期关注程度的招生人数范围：1650—1700人。2017年哈佛秋季学期本科招生情况如下：计划录取人数1700人，实际申请人数近40000人，最后录取2038人。[1]其中，17%的录取者最终去了其他学校，这样一来，正好达到预期的招生人数，也不必再根据候补名单来填补空缺。哈佛在招生过程中运用的完美杠杆，其实就是依靠高需求与高淘汰之间的平衡关系。它每年可以录取数千人，不管申请总量是30000、60000还是200000人，最后总能近乎完美地达成目标。

然后我们再来想象一所更普通的大学，就叫它"非哈佛"州立大学吧。"非哈佛"也在努力地完成理想的招生目标，填满它的听课席位和宿舍床位，可能计划录取人数也在1650人上下。但由于它的生源主要来自本地，且成绩优异的都已申请了哈佛，最后"非哈佛"州立大学只收到了3000份入学申请，只有顶尖院校的十分之一（甚至都不到）。为了达到2300人左右的招生目标，它录取了其中75%的申请

---

74

1 Harvard College, "A Brief Profile of the Admitted Class of 2021".

人，而不是像哈佛那样只需要录取 5% 即可，并且招生负责人还要日夜祈祷这些被录取的学生最终全都会来"非哈佛"读书，而不是去了更有名气的大学。基于这些完全不可控的因素，"非哈佛"州立大学必须做好入学人数在 1500—1800 人之间徘徊的准备，并对师资需求作出相应的调整。

以麻省的州立大学为例，1988 年这些学校总共招生167000 人，1996 年降至不到 150000 人，2012 年又升至近 200000 人，2016 年再次下跌至 186000 人。[1]与此同时，更为庞大的教育体系——加州社区学院系统，每年总招生人数变化不定，基本徘徊在 200 万至 300 万人之间，前后两年招生人数的落差最大能达到 25 万人。[2]

不稳定的招生趋势不可能带来稳定的师资招聘。

由于大学已经多到随处可见的程度，整个高等教育体系就比较容易受到出生人口大起大落的影响。2010 年之后，高中毕业生人数断崖式下跌，许多大学都明显感觉到了这

---

1 Massachusetts Department of Higher Education, "2016 Enrollment Estimates".
2 California Community Colleges Chancellor's Office, "Annual/Term Student Count Report".

一点。全美各地的院校都面临招生压力，原因在于 20 世纪 90 年代的出生人口下滑，这直接导致 21 世纪 10 年代高校生源减少。"工薪阶级"和"中产阶级"的学校承受了近 10 年之久的下行压力——并不是因为他们管理不善，而是因为没有足够的学龄人口。

招生下行的趋势是毫无悬念的，却不知为何不少院校对此始料未及。先是在 2000—2010 年这段时间里拼命建设，提升了各种校园服务，兴建了更多学生宿舍楼和科学实验楼，以应对那些在 20 世纪 80 年代（也是嬉皮变成雅皮的年代）出生的、造成大学适龄人口激增的学生。在那之后，院校又开始忧心忡忡，随着入学人数大幅回落，该如何收回所有的投资成本。

商业领域有固定成本和单位成本之说，高等院校也不例外。长聘人员、管理人员、专业人员、校园硬件和信息基础设施等，这些都属于固定成本，不因需求增减而发生改变。单位成本主要是餐饮及教学服务的提供，而因供应量的不确定性造成的风险则由一部分教师承受——他们可能直到开学前一周才能确定自己能否顺利开课。就拿 2017 年秋季学期入学招生来说，只有 34% 的受访院校表示他们在 5 月

1 日前完成了招生指标。这意味着，另有三分之二的院校还在抢夺生源，暑假过后，仍有许多院校无法将招生名额填满。因此，对新学期能否顺利开课，兼职教师会一直提心吊胆到最后一刻。[1]

从个别学校的角度来看这一人口流动性问题并不难，但我们还须站在群体视角去理解这一现象。当为数不多的高中生升读有限的几所高校时，通过调节录取难度，就可以比较轻松地应对学龄人口的数量变化。然而，当绝大部分高中生都要升读大学时，当国家政策将大学教育定义为人生成长的必需品时，高等教育体系将不得不直面这样一个原生性的、周期性的人口问题。而"按需而定"的临时师资成了缓冲装置，以帮助大学顺利过关。

进进出出的学生，来来去去的教师

关于大学，一直流传着这样的故事：在高中毕业那年

---

1 Jaschik，"The 2017 Survey of Admissions Directors".

的 8 月末，紧张不安的大学新生，开着一辆租来的皮卡，来到了"无所谓大学"（Whussupwich U）。8 个学期后，21 岁的他，身披学士服，手握毕业证，信心满满地离开了校园。过去，不是所有人的故事都会这样写；而今，却只有少部分人才能实现这样的梦。超过半数的高校学生，他们的求学之路并非一帆风顺，断断续续（和我一样）和戛然而止两者皆有，缺乏兴趣、家庭需要、孩子生病或辍学打工才能攒够下学期的学费等原因，都会导致学业中断。与此相关的是，有近 40% 的 2008 级毕业生，一开始念书的和最后拿到学位的并不是同一所大学。[1]

　　这种大规模的学生流动性，造就了一个支持学分转换的庞大体系，即将甲校课程转化为乙校学位课程的一部分。学分转换的基本逻辑是功能的等价性，可以理解为，我校的《微积分（上）》与贵校的《微积分（上）》大致相同。因此，"《微积分（上）》的 3 个学分"相当于学生可以在任何大学自由兑换的一种货币名称。

　　这种假定的等价性产生了经济学家所说的商品定价机

---

[1]　Shapiro et al., *Transfer & Mobility*.

制。简单商品，是指不区分生产者、也不必建立生产者与消费者之间相互关系的产品。例如，100 磅牛奶是乳品行业的标准计量单位。它可以由某牛奶场供货，也可以从其他人手里提货，然后统统灌进一大卡车混装着不同奶源的鲜奶里。它和其他几百家乳品厂出品的牛奶一样，经过了同样的加工和包装工序，被装进塑料罐或被制成压缩包装的奶酪，最后送往各个超市出售。这 100 磅牛奶的化学分子与其他农场牛奶的分子混合在一起。每个奶农开出的单位价格都是一样的，除最基本的无污染标准外，没有哪个奶农会声称其生产品质独一无二。绝不能比行业标准差，但不一定要比它好。

大学学分也以同样的方式商品化了。学生不断流动，转学也很常见，通过一所学校《社会学导论》课程拿到的 3 学分，必须得到另一所学校对这门课程的承认，然后转换成等值的 3 学分。独特的体验，灵感的激发，这些都不在考虑范畴内。讲师被看作"3 学分"的内容提供者，不在考虑范畴内。同样，学生作为"3 学分"的内容取得者，也被排除在外（"内容"一词本身就清楚表明，衡量单位时注重"量"而非"质"）。《社会学导论》跟牛奶一样，都是标准统一、非个性化的产品，需要时从各自的普通库存中取出即可。它们是可替代的商品：无差别、可交换。[1]

　　商品的可替代性给定价带来下行压力，生产者的独家工艺是不纳入考虑范围的。如果一个奶农认为，每 100 磅牛奶需 18.5 美元的售价才能达到收支平衡，但合作社的现行市场价格是 16.5 美元，那么就只能以 16.5 美元为准。这位奶农面临以下 3 个选择：（1）每售 100 磅牛奶，亏 2 美元；（2）降低生产质量成本；（3）不再出售牛奶。大学兼职教师面临同样的情况。在大波士顿地区的教学市场上，高校花费 3000 美元左右的价格，可以买到一门 3 学分的《社会学导论》课程的教学服务[2]，因此，教师个人不管资质多么出众、水平多么高超，只有 3 个选择：（1）接受少得可怜的课时费；（2）尽力简化教学任务，减少时间投入；

1　事实上，随着越来越多的学生获得预科课程的学分，这种可替代的转学分可以在高中阶段开始积累。参见 College Board，"Class of 2016 Data"。

2　《高等教育纪事报》在其《纪事数据》项目中汇编了来自全美各地兼职教师的志愿数据（http://data.chroncile.com/）。东北大学（Northeastern University）的社会学课程（3 学分）讲课费为 2200 美元，费舍尔学院（Fisher College）为 2300 美元，梅里马克学院（Merrimack College）为 3000 美元。我们还知道布兰迪斯大学（Brandeis）开价 5000 美元，塔夫茨大学（Tufts）则为 6000 美元；所以，如果你必须做兼职的话，至少尽量去那些财大气粗的学校做。

（3）放弃教书。在那些认为"大学就是信息整合器"的人眼里，任何特定的内容提供者，只要不低于行业平均水准就行，能力是否出挑无所谓。

当大学体验让位于大学学分时，极度渴望胜出的"内容提供者"陷入那种达尔文主义所描述的优胜劣汰的竞争关系，也就再正常不过了。我们已经清楚，不用将它称为一种策略或计划，转学成为一种普遍现象，普通院校（代表工薪阶级的社区学院和中产阶级的普通州立大学）尤为如此。高等教育不再提供独特的体验，大部分院校都认可这一点，并欣然代之以量化的产品。[1]大学课程本该是特殊的待办事项，而不是统一的待购产品。如若不慎，等值交换的行为逻辑就会颠覆一切思考方式。

院校对于学分转换的依赖（不管是转入还是转出的学分）与对"按需而定"的临时师资的依赖紧密联系在一起。以社区学院为例，转学基本上是家常便饭的事，在校学生第

---

[1] 然而，这一叫法越来越明目张胆，因为学生拖欠学费可能影响所有大学参与者，而且"提高效率"的压力持续增加，参见由 3 个主要高等教育协会共同发起的"关于学分转让和获得的联合声明"（Joint Statement on the Transfer and Award of Credit）。

一、二学年读完之后，立即无缝衔接其他学校学位课程的后半段内容。社区学院也几乎无一例外，高度仰赖临时师资来完成授课任务。全美社区学院使用兼职教师平均比率约为70%，有些学校更是达到 90% 及以上。大部分中产阶级的院校（即普通州立大学）转学比率也非常高，也是兼职授课司空见惯的地方。

不管在上述哪类院校，最主要的院系专业课程基本上由终身制教师负责授课。兼职教师主要担任专业课以外的授课任务，这部分课程作为核心课程大纲的一部分，构成了转学的基础。写作教学高度依赖临时师资，而低年级数学课程、跨专业理科、博雅课程、社会科学和人文学科的入门课程同样如此。这些课程被视为商品，相互之间无差异，每个地方都能生产和消费，可由专业性不强、业务水平一般的教师进行讲授。这些课程常被院系轻蔑地称为"服务性课程"，即满足更宏观的、更系统性需求的课程，而不是明确针对本专业学生设计的课程，因此不值得花费任何宝贵的院系资源。

入门级服务性课程构成可进行学分转换课程的主体部分，也拥有为数最多且与院校并无依附关系的教学工作人员，他们有足够的能力来教授这些课程。任何一个地方，都有数十个甚至数百个足以胜任文科数学课程或商业分析课程的教师，但能教"离散数学"或"仿射几何"的人却寥寥无几。因为能够相对容易地为初级课程找到兼职教师，所以长聘教师不必参与其中，课时津贴也就相应减少了。

社区学院和州立大学系统作为一个整体，通常会制定详细的转学衔接协议，事先确定等值交换的条件，规定哪些课程学分可以从一所学校转到另一所学校。在人口较少的地区，适用多个州的衔接协议也制定得越来越多。这些衔接协议对学生来说至关重要，因为他们到了新学校之后，不用再被迫购买大量冗余的或补课性质的课程[1]。但衔接协议对于教学行业来说是残酷的，它把临时教师变成出售商品的农民，就好像蒙大拿州出产的一蒲式耳（谷物和水果的容量单位，相当于 8 加仑，约 35 升容积）冬小麦和俄克拉荷马州出产的一蒲式耳冬小麦是完全一样的。

---

1 从学生的角度来看，这仍然是一个有缺陷的市场：据政府问责办公室《学生需要更多信息》估计，转学生平均损失了他们在原籍学校累积的 40% 的学分。据教育顾问沙里·里德（Chari Leader）估计（参见《转学好买卖》），学生重修不可转学的课程成本接近 100 亿美元 / 年。

即使在顶尖的研究型大学，那些同样性质的低年级课程多半也是由"按需而定"的师资团队（兼职讲师、研究生助教或博士后人员都有可能）出任教学工作的。而"旗舰产品"——那些体现核心教研团队学术旨趣、主攻方向的高年级课程（也是最有教学乐趣的，随处可见信心十足、志向坚定、颇有成绩的学生），都是"按需而定"的兼职教师没有机会接触的。

顶尖文理学院的兼职教师极少，原因之一是那里的转学生极少。这些学校的声誉建立在"提供不可替代的独特体验"之上。在明德学院这样的精英学校，有 95% 的本科生属于"首次入学的全日制"学生。在全校 2500 名学生中，只有 19 名转学生，而且几乎每个人都修足了可转学分，93% 应届生都能顺利毕业。[1] 这种独特体验的代价是昂贵的。明德学院的"出勤费用"（包括食宿费和标准费用）约为 69000 美元 / 年。[2] 选择顶尖文理学院（即富裕的专业人士青睐的学校）的学生往往拥有丰富的家庭资源，这种资

1 National Center for Education Statistics，"College Navigator"．

2 Middlebury College，"The Cost of a Middlebury Education"．

源不仅是经济上的，也是智力上和情感上的，以抵御在求学路上遭遇的各种风暴，这些风暴可能导致其他学校的学生推迟或放弃学业。

而像中央密歇根大学这样中产阶级的院校（普通州立大学）更多是以转学为导向的。全校只有68%的学生符合联邦政府给出的"首次入学的全日制"定义，其他学生均属于"非全日制"或"转校入学"。而在该校历届新生中，只有57%的人能在6年内毕业。[1]这并不等于说，其他43%的人没能毕业；事实上，他们中有不少人带着学分转入了另一所大学，并在那里完成学业。

"按需而定"的教师随时关注着学院风向，期待着下一个丰收季的到来，也犹豫着是否该轮到自己另谋出路了。

追随就业趋势的大学教育

至少从1862年《莫里尔法》颁布以来，实践教育一直

---

1 National Center for Education Statistics，"College Navigator"．

被视作高等教育的有机组成部分。该法旨在"资助、支持和维持（各州）至少拥有一所以农业和机械学科为主的学院，来教授与农业、机械有关的学科知识，但学院并不排除其他科学和经典研究学科，包括军事战术课程；各州立法机关可作细则规定，以促进符合工业阶级多种人生诉求和职业目标的通识及实践教育的发展"[1]。["农业和机械"这一术语的使用，是这些学校名称中仍留有"农机"或"农工"（A&M）的原因。] 在其资助下，许多中产阶级院校应运而生。与19世纪90年代设立的那些学院机构一样，部分受惠于《莫里尔法》的赠地学院是专门针对非裔美国学生的需求而建的，它们继续延续其所在州实行的种族隔离但平等的政策。其他类型的职业学院也在19世纪兴起，一些是师范学校，旨在培养高中毕业生成为K-12（即幼儿园到12年级）教师；另一些是小型教会学校，旨在输送职业牧师和信徒领袖。

　　这些普通院校中的绝大多数现已成为中产阶级的州立大学，比如威斯康星大学密尔沃基分校（University of Wisconsin-Milwaukee）或肯特州立大学（Kent State

---

1　United States Congress, "Act of July 2, 1862 (*Morrill Act*)".

University）；另有少部分学校发展成了顶尖名校，比如加州大学洛杉矶分校，密歇根州立大学，甚至还包括麻省理工学院。除了少数精英院校外，这些普通大学仍然是农民和技工子弟修习白领职业规范的地方。这些学生学习的不仅仅是成为教师、牧师、工程师等职业所需的手艺，更重要的是，他们还学习中产阶级人士言谈举止的方式。不论什么专业，年轻人在这里学会谦和、勤勉与合作，也学会在日渐复杂的工业化生产及公民社会管理体系中明确自己的定位。这些院校是孕育工业革命的摇篮。而依照国家的设计，常春藤名校的大门则永远向王公贵胄的孩子敞开，那是他们学习金融知识和战略管理的地方。19 世纪美国大学迅猛发展，国力提升后劲十足，创新和工业成为最大的赌注。

在美国高等教育中，面向工薪阶级和中产阶级的院校，本质上仍然以职业教育为导向，目标是把一代人的生活质量从工薪阶级发展到管理阶层，从户外劳动转移到室内劳动，从危险职业过渡到安全职业，从勉强度日攀升到出人头地。从《莫里尔法》颁布以来，至少有两件事发生了变化。其一，自新政和伟大社会鼎盛期之后，集体利益和计划经济的目标逐渐为个人战术决策这只"看不见的手"所取代。今天的国会不可能再像当年推出《莫里尔法》时那样，提出一个持久的治国方略，更不用说设立公共事业振兴署或社会保障法案或制定《1965年高等教育法》(*Higher Education Act of 1965*)这样全面详细的政策了。约定的市场规律成为我们的信仰，无数的个人选择指明了道德的方向，而不是陷入混乱的局面。

此外，发展速度已发生翻天覆地的变化，我们再也无法预言任何单一的经济发展方向将具有持久的价值。1862年，美国领导人面对广阔的疆域、西部开发的契机、丰富的资源储备和蓬勃发展的大都市，认为对"农业和机械"的投资将为个人和国家带来长期回报。今天，能与当年相提并论的情况是什么？什么样的行为或思考方式能带来足够的回报，值得给予数十年之久的高度关注？

肯定不是STEM教育。首先，这个分类（科学、技术、工程和数学）就不明智。科学和数学是非技术性和非职业性的学科。它们具有研究性、推理性和风险性，这也是其在各专业中所占比例下降的部分原因。技术和工程是发展势头迅猛的应用型专业，为"名副其实"的工作提供可靠的专业知识。第二，我们一直草率地认为"严谨"等同于"定量"。

如果我们想让人们变得聪明、专心、自律、严谨，任何一种工作都可以成为实现这一目标的工具，比如你可以看看这些人：专业舞者、爵士音乐人、短跑健将、哲学家和诗人。第三，有足够的证据表明 STEM 教育培养的人才早就供大于求，技术工人并不短缺。[1] 很大程度上，STEM 教育不过是一种更省力的表述方式：我们想要别人发明更酷炫、更优惠的电子产品来供我们购买。

个人化倾向和经济变化速度这两股力量交织在一起，这意味着院校的职业教育仍在继续，但已无法像从前那样稳定、耐心、明智地推行下去。院校现在必须赶上比它们自身的变化速度快得多的经济发展步伐，学生正面临着数以千计却知之甚少的职业选择。我们对行业兴衰的认识取决于媒体对相关行业的关注：随着《犯罪现场调查》（*Crime Scene Investigation*）这部剧的热播，法医学成为热门专业；喜爱《天桥骄子》（*Project Runway*）及《我的梦幻婚纱》（*Say Yes to the Dress*）等真人秀节目的观众，会报读服装设计

---

1 Anft，"The STEM Crisis"，参见来自美国国家教育统计中心的数据，其显示工程、健康科学和计算机科学的本科学位比率大幅上升，而基础科学和数学的学位却日渐减少。

专业；由美国有线电视网络媒体公司（HBO）推出的《权力的游戏》(*Game of Thrones*)，掀起了中世纪研究的热潮。我们发现院校会根据企业的需求来调整课程设置。[1] 院校鼓励那些有见识的学生在选择主修专业的同时，也不忘留心就业增长更快的各种预测——听力学家、成本估算员、活动策划员，究竟花落谁家？这何尝不是一种对未来的投机取巧呢。值得一提的是，曾有大量预测说，在整个 20 世纪 60 年代及 70 年代早期，大学教师会是一个潜力巨大的就业增长点。结果这个预测失败了，也成了本书问世的原因之一。

人们很少会把大学看作是一种公共品，却日渐将其看作是对职业发展的一项个人投资计划，一种寄望未来分红的个人借贷行为。据此观点，"你准备拿它做什么呢？"这一措辞也不算粗鄙或拙劣。它反映的是大部分人所抱有的"知识即工具"的看法。从这个角度来说，知识是让你完成某件事的工具。主修工程学、护理学、商务或教育学，目的非常明确，这就好比世上每个扳手总有与之匹配的螺栓一样。主

1　例如 The Association of Public and Land-Grant Universities，"LIFT, APLU, and NCMS Create Expert Educator Team"。

修哲学、数学、人类学、物理学、音乐、地理学……那么，你准备拿它做什么呢？

从过去 40 年间的学位颁授情况来看，我们可以发现一定的变化趋势。[1] 经典文理专业，即英语、语言学、科学、数学、社会科学，取得本科学位的人数呈下降之势。而侧重于职业培训的专业，获得学位的人数增势显著：

- 计算机与信息科学（增长 385%）
- 休闲与健身研究（增长 340%）
- 国土安全、执法和消防（增长 147%）
- 新闻与传播（增长 116%）
- 通信技术（增长 100%）
- 卫生职业（增长 83%）

大部分顶尖院校都不会开设这样的专业，一切照旧即可，因为那些天之骄子不管大学读的是什么专业，将来都会

---

1 National Center for Education Statistics, "Bachelor's Degrees Conferred"; Chace, "The Decline of the English Department".

事业有成。但对于工薪阶级和中产阶级的院校来说，大部分参与者（包括学生及其家庭、升学顾问等）必须设计一套类似弹道模型的职业规划方案，现在就得瞄准一个他们若干年后想要击中的目标。学生在某个时刻突然决定，她想成为一名电气工程师或护士，于是接受了教育和专业训练，帮助自己成为那样的人。目标就在那儿，学生会走一条他们认为能够成功、有效帮助他们达到预期目标的路径。他们会做三个动作：准备——瞄准——发射。但他们常常击中意料之外的目标，或击中目标却没有任何回报，也常常因为风向干扰而脱靶。每次出击都是赌博，但对学生个体而言，却鲜有从头再来的机会。

对个人及具体职业培训内容的重视，使新的学位课程数量明显增加，可一旦职业发展轨迹或课程招生目标没有达到预期，任何新课程都有面临"枪毙"的可能。体育训练和运动科学、体育管理和酒店管理、网络安全和数字取证、平面设计和新媒体、创业精神……几十个新的学位课程竞相出现，追寻着一条似乎看得到结果的职业发展路径，就如当年成千上万跟随淘金热或楼市泡沫的人一样。

这些稍纵即逝的"热点"对学生和院校有百害而无一

84

利，不过我们关注的重点是，这些"热点"如何成为学术机构依赖"按需而定"的临时师资的帮凶。新学位课程的增长并没有带来终身制教职招聘量的同步上升，原因至少有三个。其一，此类职业驱动型专业课程，其特点是具有短暂性，随市场变化而变化，不适合聘用长期教师来任课。反过来讲，雇用从事物理学的终身制教研人员40年，则是一个比较稳妥的选择。因为物理学是永久存在的专业，但机器人科学就不是了，可能再过二三十年，它会被我们现在无从想象的一门新技术所取代。这些新领域如昙花一现般短暂，它们所追逐的趋势也无法被完全预知，但我们可以假定那样的趋势终将被改变。因此，大学不会有兴趣雇用长聘人员来追随这种不确定性。

其二，职业培训课程一般不涉及传统学科，也就不会吸引众多拥有博士头衔的学者等着来应聘数量非常有限的教师岗位。反正此类专业绝大多数时候也不要求学者付出多大努力，它们是工具性的、功能性的，并不需要批判性的智力劳动。因此，此类职位会录用硕士学历或只有本科学历的人员，或拥有一些工作经历的人员。

开设职业类的学位课程比较符合职校的定位，与其说是学术专业课，不如说是学徒训练班，肯定不是学者的容身之地。说得更直白一些：

> "我们更注重职业与技术教育"，阿肯色州立大学纽波特校区市场营销与传播学主任杰里米·雪利（Jeremy Shirley）表示，"我们所有课程都设有顾问委员会，并且会把这些课程按行业需求量身打造。这一点推动了我们很多工作的进行，我们的通识教育和文理专业也都是为了补充这些课程而开设的"[1]。

85 　"……我们的通识教育和文理专业也都是为了补充这些课程而开设的。"这种对大学本质的理解，与斯坦福大学、耶鲁大学或欧柏林学院的理解截然相反。我们感谢雪利先生如此清晰地阐明了贵校的宗旨，真希望其他院校也能如此开诚布公地说出自己的核心目标。

　其三，这些职业培训课程提出了关于大学学位的本质及其必要性的关键问题。如果雇主只是为了招一名实验室技

1　Cited in Smith, "Arkansas College Finds Success in Male-Dominated Fields".

术人员，那么她何必对这位待入职员工的社会学或文学认识水平、批判写作能力或物理知识理解能力那么感兴趣呢？她想要的只是一个了解特定设备用途、遵守特定程序、贯彻特定安全和质量协议、面对突发状况时能果断作出决定、发送电子邮件时不至于让同事难堪的人。这是6门课就能办到的事，没必要再上其余34门课。

> 奖章可以代表不同水平的工作和表现，包括更细化的技能或成就，在某些情况下，标志了那些细小且（或）非常具体的能力。出于这个原因，奖章具有证明成人学生在接受基础课程教育过程中所获技能的特殊作用，他们中有许多人根本不具备或很少具备正式学历（如毕业文凭等），他们所获的功能性技能在将来的工作场合是否具有价值，取决于是否有一个可以证明这些技能和知识的机制。[1]

如今，越来越多的人使用奖章和证书来证明自己在各

1　Finkelstein, Knight, and Manning, "The Potential and Value of Using Digital Badges for Adult Learners".

个独立任务中所展现的能力，每位求职者都能像女童子军成员*那样抖出几十枚奖章来炫耀一番。求职者也能在与面试官视频连线时摆动智能手机，让对方从她的简历和申请信中看到这些奖章。此外，在社交媒体上发布的帖子里，在职场沟通的过程中，在电子邮件甚至是备忘录里都会发现它们的踪迹。精细化的知识内容势必需要精细化的课程和课程提供者，精心设计的课程体系不复存在，取而代之的是积攒各种小技能的个性化教学。

从传统学科向一系列全新职业培训领域的转变，使临时教师的出现成为必然。它不仅摒弃了学术职业的终身制，破坏了学科的稳定性，也否定了培养批判性学者的必要性。这是高等教育向"应用程序化"转变的过程。顶尖文理学院和研究型院校不会面临这样的压力，而它们的稳定性也惠及了师生。

---

* 译者注：女童子军成员（a Girl Scout），即美国 5—17 岁女孩组织成员。她们参加集体活动，学习各种技能，每完成一项特定任务，就会得到奖章鼓励，并以此为荣。

"劳动密集型"工作，到底是什么样的工作？

> 我惊讶地发现，许多同事都以为自己踏上了青年教师的发展道路，结果却成了数据经理、支持女性科学家的倡议者或其他非教职岗位人员。还有些同事最后做了学术项目负责人，比如负责某个游学项目。这是他们最初没打算做的事情。
>
> ——保罗，兼职教师（教龄 10 年）

富人总是越变越富，而手头拮据的人却总是所获最少。跟收入问题一样值得探究的，其实还有支出问题。

我们可能会受规模庞大的网络学校诱惑，比如像"慕课"（大规模开放型在线课程）这样 1 位教师同时面对 5 万名学生的线上教育平台。相比之下，大部分传统的高等教育仍以紧密的师生互动为载体，一个教室容纳一定数量的学生和一位年纪较长的"真人"教师，一起讨论问题。高质量的教学过程总是劳动密集型的。我采访的一位来自顶尖本科学院的教务长说："几年前，慕课线上教育发展到顶峰时，我们董事会的一些成员开始讨论要开展更多的远程教育。那时我经常告诉他们，在我们学校，所谓的远程教育就是一张桌子的距离。"

87

表 5　每千名学生对应在校员工人数（2000 年对比 2012 年）

	研究型院校		提供硕士课程的院校		本科院校		社区学院
	公立	私立	公立	私立	公立	私立	公立
2000 年	317	434	172	216	184	262	191
2012 年	301	456	172	243	184	277	175
变化（%）	-5%	+5%	—	+12%	—	+6%	-8%

资料来源：德斯罗彻与基尔斯坦合著的《劳动密集型还是耗资型？》一书。

不过，近年来我们看到的是，劳动密集型的教育工作并没有增加教育工作者的数量，倒是增加了金融、运营、招生、资助、信息技术、学术咨询、医疗保健和筹款等专业岗位的数目。来自美国研究所的数据显示，"2000—2012 年，专业岗位平均每年增长 2.5% 到 5%……现在，专业工作者占校园岗位总数的 20% 到 25%"[1]。

当然，岗位种类或多或少有所变化，但通过美国研究所总结的表 5 可以快速浏览不同类型院校的员工变化情况。

1　Desrochers and Kirshstein, Labor Intensive or Labor Expensive? p.7.

数据反映的是每 1000 名学生对应的在校员工数量。私立院校的学费涨幅（它们的投资也很成功）足以增聘各级教育人员。然而，政府的减税措施导致中产阶级院校的岗位数量与往年持平，并削减了公立院校经费，其中既包括顶尖的州立大学，也包括社区学院。随着大学经营日益复杂化，非学术类专业岗位的招聘数量显著增加，我们可以明显感觉到这一切给招聘教职人员带来的压力。

双向探索：招学生、拉赞助

由于招生数量难以预料，财政拨款日益减少，院校一直在谋求新的资金来源，对不同学校来说，这是完全不同的探索过程。工薪阶级与中产阶级的院校积极开展校企合作项目，集思广益，寻找能够满足本地企业需求的新方法。各州和联邦教育部门对此大加赞成，并把教育主要当成一种"劳动力开发"模式。

88

仅在过去 4 年里，本届政府已经为 700 所社区学院投资了大约 20 亿美元，用于与雇主合作设计教育和培训课程，为当地经济所需的职业培养人才，如医疗保健、信息技术和能源行业。这些课程项目前途光明，截至 2014 年底，已启动 1900 多个新推出的或修正过的培训项目。

——摘自 2016 年美国教育部新闻稿[1]

中产阶级院校效法此举的同时还另有他法。它们推出研究生课程，吸引最有诚意的那些学生，让他们再花 2—3 年的时间来证明自己的实力（学生发现学士学位已经不足以使自己从一大群就业者中脱颖而出，因为在 25—29 岁的青年人中，已有超过 1/3 的人拥有本科学历）。[2] 这就是为什么最近几年有这么多院校将校名从"学院"改成"大学"：大学才能开设研究生课程，而研究生课程正呈上升趋势。在过去 20 年里，拥有硕士及以上学历的青年人数翻了一番，现

1　US Department of Education, "Strengthening Partnerships".
2　National Center for Education Statistics, "Percentage of Persons 25 to 29 Years Old with Selected Levels of Educational Attainment".

已超过 10%。[1]

每隔几周,《高校情报》(Inside Higher Ed) 就会公布全美院校新开设的课程专业。仅 2017 年第一季度就有 39 个新专业面世。其中半数以上是硕士课程,这一高等教育新出现的泡沫经济,是院校在经营本科教育无计可施之后一手炮制的:

· 1 个证书课程: 汽车服务管理。

· 3 个副学士学位课程: 平面设计、信息安全与情报、三维图形技术。

· 11 个学士学位课程: 农业商务、公共卫生(2 个)、服装商务和技术、海洋学、犯罪学和刑事司法、健康科学、风险管理和保险、数字营销管理、医疗卫生职业、行为神经科学。

· 21 个硕士学位课程: 全球和社区健康、司法研究、商业分析、文化遗产研究和公共历史、网络安全风险管理、心理学 (在线课程)、可持续发展、

89

---

1 Ryan and Bauman, "Educational Attainment" .

商业分析[*]、儿童和青少年应用发展（2个，其中1个为在线课程）、遗传咨询、服装设计、工程创业、领导力、管理、会计、传媒艺术、信息物理系统、运营管理、电影研究、跨大西洋事务。

·3个博士学位课程：高等教育领导力（在线课程）教育学博士、医疗卫生职业教育学博士、西班牙语创意写作博士。

这些新的课程专业不仅需要教师，还需要协调人员、招生人员、咨询人员、图片资料和广告宣传，对财政援助和校教务处也提出了更高的要求。

中产阶级的州立大学也努力吸引更多的州外学生和国际学生，因为他们必须支付更高的学费，通常是州内学生所缴学费的2—3倍。所有院校因此进入市场竞争机制，吸引客户的压力也随之增加。攀岩墙和美食角几乎成为刻板化的

---

[*] 译者注：原文中出现两处"商业分析"，且原词均为"business analytics"，对应的可能是商业分析学硕士（Master of Business Analytics）和商业分析理学硕士（Master of Science in Business Analytics），中心词都为"商业分析"。这是美国大学当时新兴的商科类硕士项目，大多设于商学院下，也有一些隶属工程学院（或称商业分析方向）。

校园印象，这是学生可以考虑将任何地方的任何学校作为备选方案所带来的必然结果。院校甚至被迫在最基本的层面为自己打广告：如果我们的课程和别的学校一样，我们的教师也和别的学校一样，也许我们的甜品屋会与众不同哦。同时带来的压力还包括增加招生成本和招生代表，他们是负责从本已缩小的生源总量中，为个别院校维持和追加招生计划的销售人员。

富裕专业人士的院校（即顶尖文理学院）增设了五花八门的硕士课程，并且大多愿意让学费成为一种浮动变量，一如既往地吸引"有钱又有闲"的孩子前来就读。这些学校还会进行大规模的募捐活动，那些生活优渥、忠心耿耿的校友会响应母校的要求追加捐资。威廉姆斯学院（Williams College）、波士顿学院（Boston College）和阿默斯特学院（Amherst College）都是坐拥 20 亿美元捐赠资产的俱乐部成员。如果把门槛降到 10 亿美元，那么波莫纳学院（Pomona College）、卫斯理学院（Wellesley College）、斯沃斯莫尔学院（Swarthmore College）、格林内尔学院（Grinnell College）、史密斯学院、鲍登学院（Bowdoin College）、伯里亚学院（Berea College）和明德学院也会

90

榜上有名。[1]

以行业翘楚的成功案例为榜样，各类院校纷纷将本金投入学校发展办公室，发掘潜在的捐赠者，并为新项目起草资助方案。他们还开设了资助项目办公室，这是另一个帮助教师拟写资助计划和管理资金的部门团队。这两个办公室的设立，不仅意味着更多的工作人员被卷入其中，还意味着即使成功了（实际上他们经常无法回本），他们在大学形成混乱且复杂的结构体系的过程中，也起到了推波助澜的作用。大学通常把校办收入和研究经费视为"意外之财"，正是这些免费的礼物成为"按需而定"现象的幕后推手。

为了追求更高的教育质量，花费更多的钱总是可行的。于是，学校总是不断地提出新的课程方案，然后想方设法地为其买单。幸运的是，有无数个人和机构（或多或少）愿意慷慨解囊。这些乐善好施者，无论是个人捐赠者、家庭基金、各大基金会还是联邦机构，都有自己的社会目标，他们通过捐助某所大学，进一步实现各自错综复杂的使命。关于

---

1 National Association of College and University Business Officers，"U.S. and Canadian Institutions".

捐资捐物的每一次商谈，都会见证一次彼此间价值观的分歧。若没有持久的专注力和定力，院校出于集资需要会背离自己的核心使命，每项新举措的推出，都使它变得与以往有所不同。经过10年、20年、50年的时间，它会变得面目全非。

在追求利润的商业世界，这么做没有任何问题。20世纪80年代，美国钢铁公司（US Steel）的高管被问及面对众多工厂关闭的情况，他们如何才能继续生产钢铁时，回答说："我们不是在生产钢铁，我们是在赚钱。"[1] 所幸的是，他们只谈美元，不谈复杂的核心价值。因此，他们轻而易举地从一个地区撤资，转投到另一个地区，将企业重心从金属板生产转到结构钢制造，再到铁矿石开采。麦当劳不做汉堡包，他们只是在赚钱。他们只是出售麦乐鸡、水果酸奶杯以及可可碎雪顶咖啡。也许明年还会推出"麦乐手机""麦乐香皂"还有"麦乐金汤力"。在商业世界，金钱是唯一的使命。

在"像经营企业那样经营政府"这样一种当代狂热思潮

1　Cited in Watkins, "Capital Punishment for Midwestern Cities", p.118.

的影响下，大学也处于一个集流动性、创业性、风险投资性为一体的投资环境中。它们试遍所有投资计划，相信总有一个会成功。单独来看，每个投资项目都很有创见性，但作为一个投资组合或完整体系，它们彻底颠覆了学校的本质。我们在打造了一所投资创业型的大学后，才开始思忖为何每个人都如此拼命地工作，我们的使命究竟何在。我们为自己制造的混乱局面而感到苦恼不堪。

因为捐资投入的关系，院校对科研和学术产出的期望也提高了，希望自己能像科研重镇那样吸引更多的资助经费，并与行业建立研发及合作关系。不过，就像大学橄榄球一样，除极少数幸运儿外，这些科研资助项目几乎总是赔本的买卖。美国大学体育协会指出，只有24所大学的橄榄球项目实际上在为大学创造收益，平均来说，即使具备"超级碗"参赛资格的精英球队，也有20%的运营成本得由大学买单。[1]学校一厢情愿地希望对球队的支持可以在别处开花结果，比如招生、品牌推广以及校友的忠诚和慷慨等。

科研资助与上述情况大同小异，它也是一个努力让大

---

1 Knight Commission, *Restoring the Balance*.

学进入公众视野的过程。和橄榄球队一样，除极个别顶尖院校项目外，其余那些科研资助项目通常也无法自负盈亏。俄亥俄州立大学前任校长卡伦·霍尔布鲁克（Karen Holbrook）曾在 2014 年写道："大学科研的实际成本，与支持大学科研的可用资金之间存在巨大差距。研究人员需92要更多的行政及财务管理的支持，这意味着需要挖掘新的外部资金渠道来支付间接费用，包括人手、器材、教育资源、差旅费用等。"[1] 这说明养一只会下金蛋的鹅是要下血本的。

每个新项目的开展，不管资金来源为何，不问最终成功与否，对整个生态体系的其他部门都构成了挑战。新的委员会诞生，带来相互协调的挑战。办公空间和研究设备的需求随之增加，对财会和人力资源部门也提出了新的要求。新开设的课程需要人手接应，差旅费用和行业会费需要有人买单。项目临了，一成不变的问题又会被抛出：这件事是否具有足够的价值，让我们自掏腰包来负担一切费用？

1　Holbrook and Sanberg, "Understanding the High Cost of Success in University Research".

它是不是成为我们今后工作的一部分，又或者只是走个过场而已？ 如果把它摆上日程，会在多大程度上背离我们的使命？

这些科研项目也加剧了高等教育工作环境中的不稳定性。学校获得一项长达3年的科研资助后，为此增添了一些"软性捐款*雇员"和博士后人员，当资金耗尽，需要解雇这些人时，学校不会感到丝毫的愧疚。光环笼罩在长聘人员头上（他们得到升职荣誉、出版刊物或声誉大增等好处），而其他人一边打着零工暂时免于挨饿，一边留心分类招聘的广告信息。院校会高调宣传新增的硕士课程，但5年后项目关闭时则不会发布同样力度的新闻稿，而那些依靠这个课程项目而生的兼职教师就只落得无路可退的下场。

---

* 译者注：软性捐款（soft money）是美国竞选活动中的习惯语，指在竞选中不直接向某候选人，而是向某政党捐款。与之对应的是硬性捐款（hard money），是在竞选募款中，直接归属某候选人经费的款项。但这类捐款金额极其有限（受法律约束），完全不足以支付竞选所需的巨额开销。而软性捐款则不受此限，因此往往吸引大量募捐资金，来源包括商界巨头、电影明星、著名企业、社会组织等。

学生多，花样也多

　　……学生在校园里举行游行活动，向学校管理者提出自己的诉求。他们希望下个学年能增加 5 名辅导员，其中 3 名为有色人种，"以此来反映哈维穆德学院日益增长的有关身心健康的倡议需求，反映并服务于校园多元化的学生群体"。学生在网站上写明了具体要求。他们写道，到 2021—2022 学年之前，精神卫生服务的经费每年应增长 25%。他们呼吁公开学生事务办公室的预算，并为 6 个代表校园少数群体利益的学生团体提供额外资助——每个团体 3000 美元。他们还写道，校方应为上述学生团体在学院新的教学楼里开辟专门的活动空间。

　　——杰里米·鲍尔-沃尔夫，《哈维穆德学院停课》[1]

　　"学院皆永恒"的神话基于这样一个史实：院校建立在舒适安逸的长者教导舒适安逸的年轻人的传统之上。这种舒

93

1　Bauer-Wolf, "Harvey Mudd Cancels Classes".

适安逸，一部分是经济上的，一部分是家长式的，还有一部分是种族主义的。直到最近一段时期，女性、有色人种、性少数群体、国际公民以及其他非白人、非男性、非异性恋、非本土的学生才成为全体本科生中的大多数。

毫不奇怪，历史上专为白人男性选择的栖息地，不太容易适应更多样化的社群。[1]而这种无从适应往往并非是有意的，反而常常充满困惑，最后总是不无惊讶又满怀善意地认识到："哦，并非人人都和我一样啊？天哪，我来做些修正吧！"这些修正措施通常来自高层，来自教职员工和行政管理委员会。因此，它们通常不能有效针对学生所经历的实际情况作出反应。尤其是因为最受影响的本科生是学校中最具过渡性的成员，所以，措施的出台往往仓促得很，任何有助于大二学生提升大学体验的事情最好在一年或更短的时间内落实。此外，这些措施的推行也会遇到抵触情绪，因为社群里的老成员熟悉他们所拥有的和所知道的一切，并且相信这一切既正常又正当。光是承认拥有特权就从来不是一件容易或舒心的事，更不用说舍弃一部分特权了。

---

1 Stewart，"Colleges Need a Language Shift"．

但50多年来还是发生了一些变化，缓慢地、渐进地发生着。有一些是联邦政府实施的强制性改变：《高等教育法》第三款（*Higher Education Act*, Title III）、《教育法修正案》第九条（Title IX of the *Education Amendments of 1972*）和"三项计划"（TRIO Programs，即 Upward Bound Program，Talent Search Program 和 Special Service），这些项目致力于支持女性、家族第一代大学生、重返校园的成年学生，以及帮助有色人种在大学取得成功。另一些是地方性的和非正式的变化，比如拉丁裔群体的发展、创立女性专业指导网络或是为青年酷儿（queer）寻找合适导师的"安全空间"计划。其中一些具有相当范围的普适性，并通过具体办法在本地推广，即广泛开展各种具有较大影响力的教育实践活动，如推行本科生研究项目、建立新生学习群组以及提供以社区为基础的教育服务，这些实践被证明有助于提高学生参与度和学业有成的可能性。[1]

94

结果是，院校设立了各种新的办公室，提供分门别类

---

1 有关概况参见 The Indiana University Research Group：National Survey of Student Engagement，"High-Impact Practices"。

的学生支持服务——学术、社会和情感等各方面的服务。例如，700多所高等院校均是大学生研究理事会的成员，许多学校在校园内设有正式的大学生研究办公室，其中发展最快的部门之一是由大学生研究项目主任组成的。另外，千余所院校均系"校园契约"组织的成员，该组织致力于在为周边社区提供服务的背景下开展学习。新生体验协调员、服务学习主任、社会实践办公室、跨专业写作项目、荣誉课程、女性中心……不胜枚举。[1]专业组织的常见策略是呼吁建立"某某办公室"来解决他们想要解决的问题，并表明该机构认同它们在这一问题上的立场。"校园契约"网站上说得非常清楚："一个想法在校园里受到重视，最明显的标志之一就是它拥有自己的办公室。"[2]

如今的学生咨询与先前的做法完全不同，到处都是国际学生支持服务、英语作为第二语言的工作人员、帮助学习

1　比如，参见 Field，"Stretched to Capacity"。

2　Hensel, ed.，"Characteristics of Excellence in Undergraduate Research"；National Postdoctoral Association，"Recommendations for Postdoctoral Policies and Practices"；Campus Compact，"Office for the Community Agenda"．

障碍专家以及针对饮食失调和身体畸形学生的各种项目。据估计，超过 10% 的美国大学生是单身母亲，于是，工薪阶级和中产阶级的院校越来越多地开展托班业务加以应对。[1]

数量惊人的研究发现，在工薪阶级和中产阶级的院校里，"最易失学"的学生群体是学生服务支出方面的最大受益者，体现在较高的佩尔奖学金（Pell Grants）和较低的入学考试分数。[2] 美国国家发展教育中心指出，补习课应仅仅作为更宏观的学生支持体系中的一个组成部分，该体系涉及情感复原、食宿保障、医疗保健、法律援助以及其他阻碍大学期间学业有成的常见因素。[3] 教 18—22 岁之间经济宽裕、基础较好的学生是比较容易的，那些工薪阶层和中产阶级的院校，在学术和学生服务方面恰恰又发展得最快，尽管这些学校总体经费来源非常不确定。

这些针对日益多元的学生群体作出的非常有力且有效的回应，也在无意之中促进了"按需而定"的临时教师队伍的

---

1 Kruvelis, Cruse, and Gault, "Single Mothers in College".
2 Webber and Ehrenberg, "Do Expenditures Other Than Instructional Expenditures...".
3 Boylan, Calderwood, and Bonham, College Completion.

发展。美国研究所发现，在 2003—2013 年间，学生服务和学术支持方面开支的增长速度，远远超过了教学支出的增长速度。[1] 这些专业人士的工资和福利待遇大致接近于教职人员起步阶段的收入水平，因此这几乎成了"以一换一"的单项选择题：我们是聘请一位物理、数学或人类学教授呢，还是聘请一位跨专业写作项目主任来负责整个课程？是聘请一位国际学生事务部主任，还是一位亚裔文化中心主任？又或是新招一位心理健康顾问？作为一所大学，我们最有可能从哪种选择中获益？哪种选择至少能帮我们得到一部分资助？哪种选择会把我们永远捆绑在一起，即使未来风向有变？

当代高等教育的这些举措既对学生有利，也对学生不利，因为几乎可以肯定的是，没有一项举措会欢迎众多"按需而定"的临时教师参与其中。他们不会受邀参加关于社区参与的学生学习专业发展研讨会，也不会受邀将其学生作为研究伙伴列入自己（没有资助，通常根本不存在）的学术活动。即使他们参加支持性少数群体的"安全空间"培训，或参加支援自闭症学生的研讨会，也纯属义务劳动。他们甚至

1　Desrochers and Hurlburt, *Trends in College Spending.*

都不知道在校园里有多少可供学生使用的资源。[1]

正因为如此，所有这些项目都带着互相排斥的目的，既维护也损害了工薪阶级和中产阶级院校学生的利益。排名靠后的学校只有一小部分教师参与过有高影响力的教学实践并接受过学生支持服务的培训，因为这些学校愿意培养的终身制教师本就较少。所有这些当代学术和支持服务都以学生参与为基础，帮助年轻人感觉自己属于学术界。这些服务之所以起到作用，是因为它们很大程度上促进了学生和教师之间那种紧密联结、相互对应的关系。我们拥有如此多的临时兼职教师，学生无法与之建立这种紧密联系，我们美好的初衷也因此大打折扣。[2]

矛盾的是，在过去，几乎所有这些服务都是由教师自行提供的，而在那些富人院校，现在仍然主要由他们提供。每一种高影响力的教学实践都由教师在日常工作中制定。向有困难的学生提供咨询辅导是在教师办公室进行的。学术指导，即学生在思想园地中的路径设置，也是由个别教师负责

---

1 Center for Community College Student Engagement, Contingent Commitments.

2 Delphi Project, "Faculty Matter" and "Review of Selected Policies".

完成的。但是，这些实践活动都是独一无二的，并不是为了服务更多样化的学生群体而制定，也没有能力跟上当地政府和联邦政府的监管细则（我们稍后作详细讨论）。专业化的出现是为了满足更复杂的学生需求，抓住更丰富多彩的机遇，而专业化也意味着专业雇员——许许多多的专业雇员。

束手束脚：合规的代价

每年夏天，高等教育界的律师齐聚全国学院和大学律师协会的年会，聆听各种发言，讨论与院校相关的议题。会议也提供互动以及就面临的相似挑战与他人进行坦诚交流的契机。律师年会，外加该协会一年两度的首席法务官员调查，提供了针对一些问题的深刻见解，这些问题足以让你们的律师工作到深夜。[1]

---

1 Fox，"What Keeps Your Lawyer Awake at Night？"

美国高等教育合规联盟致力于维护联邦法律的最新准则，这些法律会对院校产生重大影响。该准则，亦被称为"合规矩阵"，罗列了一所学校可能把自己搞砸的各种五花八门的方式[1]，共计 31 个大类的院校常规做法，覆盖学术课程、环境卫生、职业安全、人力资源及不正当性行为等方面。每个大类至少受 1 项联邦法规的约束，多时可受 13 项信息技术、24 项财政资助或 40 项人力资源法规的约束。

要求每个教师都跟上《高等教育法》第三款、《教育法修正案》第九条、《美国残疾人法案》(Americans with Disabilities Act) 和《克莱利法案》(Clery Act) 的步伐是不合理的。此外，以下这些也是重量级的法规，大学还必须遵守《校园性犯罪预防法案》(Campus Sex Crimes Prevention Act)、《戴维斯–培根法案》(Davis-Bacon Act)、《敌国贸易法》(Trading with the Enemy Act)、《莉莉·莱德贝特公平薪劳法》(Lilly Ledbetter Fair Pay Act)、《化学设施反恐标准》(Chemical Facility Anti-Terrorism Standards)、《小型无人机系统条例》(Small Unmanned Aircraft Systems

---

1　Higher Education Compliance Alliance，"Compliance Matrix"．

Regulations）以及其他数百项法规。其中许多法律规定了年度汇报的要求，所有法律无一例外要求至少有程序或记录审计，如发现违规行为，还可能受到罚款和禁令处罚。在这种监管环境下，院校的会计、法律和财政援助以及学生服务团体等都趋向专业化，使教师招聘让位于非教职岗位专业人士的聘任。

请不要误解我的意思。我相信日益多元的学生群体是好事。我们给学生提供学业上的支持，而不是把他们扔在大一课堂上听之任之，这也是好事。对学校进行越来越多的监管，使其承担人道、财政和社会责任也是好事。但所有这些好事的发生都需要财力和人力进行配合，当它们被日益奉为高等教育必行的标准时，对终身制教师却不再做同样的要求。由此，"按需而定"的教师队伍进一步发展壮大，而这正是诸多"无心插柳"结果产生的聚集效应。

流动的使命：无处安身的教师

这就是 21 世纪的高等教育。大学招收的年轻人数量史无前例得多，受人口结构波动的影响，每学期的入学人数一定要等到开学日才能确定。就学生个体而言，他们存在流动性和不固定性，从一所学校转到另一所学校，从一个州搬到另一个州。就学生群体而言，其中的每种可能的特质都呈现出更多样的属性，这就势必要求院校配备充足的人手，以应对生活境遇上的巨大差异，而这种差异对半个世纪前的大学来说是根本不存在的。

劳动力市场变幻莫测、瞬息万变，职业技能越来越倾向以散装、细微的形态出现，而学校的应对之策是推出更多各式各样、昙花一现、顺应潮流的课程项目。资金结构和产品组合也在不断变化，新的学位课程试图找到新的资助渠道，取代过去稳定、可靠的立法拨款。

对大学提出的要求越来越多，令人钦佩的是大学也确实做得不错。但是，身处其中的每个人都受到"牵一发而动全身"的不利影响，事实上，每一个决定都会影响校园内数十个甚至数百个办公室的日常运作。财政援助是一项庞大的业务，不仅受联邦政府的监管，也要对商业信贷机构和基金管理机构负责，这导致现在每所大学都有不亚于小城镇银行规模的财务部门。我上大学那会儿，还没有所谓的多设备计算、无线连接、学习管理系统和建筑效能协议，也从未听闻有本科生研究、服务学习、社区参与或女性中心等办公室的存在。每一个可能作出的决定都需要更多人共同参与、需要会议和电子邮件的指数级增长以及需要相互竞争的不同利益之间更微妙的平衡，每一次互动都像是在玩"叠叠高"积木游戏，随时都会毫无征兆地分崩离析。

　　将 1976 年的院校放在当代高等教育的语境下进行衡量，它们的装备显然严重不足。正如任何一辆现代汽车都会比 1976 年版的经典老爷车更可靠、更高效、更安全。我们可以怀旧，但现代大学比过去形成了一个更为复杂的大环境，它服务于更庞大、更多元化的学生群体。这种复杂性本身就触发了人口的再平衡。作为回应，"按需而定"的临时教师越来越多，却也越来越势单力薄。

The Adjunct Underclass

第六章

象牙塔里
的"饱汉"

在学生的世界里，到处都是鉴别与奖励才能的机制，当然，是一定条件下的才能，但终归是才能。我们把 30 名幼童带到同一个房间，让他们做一模一样的事情。一些孩子会比其他孩子做得更好。我们每天重复几十次，一年重复 180 天，整整重复 13 年，于是我们有了一套比较行之有效的鉴别方法，来鉴别什么人可以胜任重要的事。

是金子总能发光，那些能把事情做好的人可以做更多的事，他们将完成更高级别的任务，那些任务也需要更多的注意力和更高超的技艺。于是乎，上述筛选机制又开始发挥作用，经过 4—5 年的本科教育，其中一部分参与者会受邀进入研究生院，继续下一个 5 年甚至更长时间的角逐。

不论在哪个阶段，这一选拔机制都像是一档智力竞猜节目，不断向参赛者提出新的挑战，而他们也能在挑战过程中表现出明显的优缺点。这是一个覆着保护膜的虚拟世界，但事实上，这一切终究是幻象。我们一时无法将它认清，因为它实在过于逼真了。我们沉浸在它的系统框架中，一方面给予我们热切渴望的积极评价，另一方面也奖励我们精心培养的求知欲与俯首听命的习惯，这是多么奇怪的一组才能。

可是那一天终会来临，我们通过了所有考验。现在，再无其他哺育我们、挑战我们、赞美我们的教育机制了，只剩下漫无边际、毫无头绪、令人窒息的"就业市场"。

市场总是以怪异的、迂回的、不可知的方式犒赏它想犒赏的一切。为什么更多人喜欢贾斯汀·汀布莱克（Justin Timberlake）而不是卡基·金（Kaki King）的音乐，除了这么多人确实喜欢这一点外，并无其他可信的解释。为什么更多人读过尼古拉斯·斯帕克斯（Nicholas Sparks）而不是珍妮弗·曾（Jennifer Tseng）写的书，除了这么多人确实读过这一点外，也并无其他可信的解释。那个我们熟知的规则矩阵——一个充满挑战和奖励、逻辑严密、精心组织的体系——早已同我们告别，我们步入了一个截然不同的逻辑体系，一个我们闻所未闻的逻辑体系。这个体系会轻而易举地把我们中的大部分人清理出局。

在市场上，各种任务并没有经过那么精心的安排，接受挑战的机会并没有那么频繁，得到的反馈也并没有那么明确。博士生现在要做的，不再是每年为渐渐熟识的教授写十几篇论文，而是每年给那些匿名的、自己都不清楚招聘目标的人发出3封相关专业领域的求职信。这些信或将石沉大海，或将带来"不考虑，谢谢"这样的回复。

令人惊讶的是，为数不多不知通过什么方式穿过荒野、成功上岸的人，会重新进入我们熟悉的规则矩阵。他们又会接到新的具体任务，这些任务会有条不紊地接踵而至——设计并完成授课任务、进行科研并提交报告、为学术委员会效力、做好平步青云的准备。他们会收到定期的反馈，因此有了不断学习提升的可能，求知欲与俯首听命的双重能力也得到进一步施展。他们会再度回到那个包裹着保护膜的虚拟世界，回到犹如母亲一般亲切的"选拔机制"的臂弯中。事实上，他们如今还会为巩固这一机制助上一臂之力。他们会忘却"荒野"与"彼岸"之间那些令人生畏的空间。

探讨"按需而定"的教师问题，我们无法避而不谈那些被终身聘用的教师，那些数量上并不占优、力量上却占据上风的人，那些向学生提供教育服务、为教育质量把关的人。为什么这些终身制教师和院校管理者一样，在培养和维

103

护学术同行方面毫无作为？为什么摒弃数百万坠入深渊的同行竟这般不费吹灰之力？

终身制阵营：我全搞定了，你太不幸了！

终身制教师属于濒危物种，但尚未消失殆尽，他们仍有成千上万之多。他们每个人都有充分的理由相信，自己之所以能进入终身制阵营，乃是因为出类拔萃，因为自己不辱使命，或因为其他人有负所望。一种"事后诸葛式"的顽固偏见肯定了他们自身所具备的积极特质，不管是技能或天赋，还是勤勉或毅力。放眼望去，美国大学教师普遍具备技能、天赋、勤勉和毅力这些必备的特质。问题在于，这些特质在终身制教师身上所体现的比例和程度，是否超过了为数更庞大、有可能取其而代之的非终身制教师呢？

机遇是除了才能与勤奋以外，取得成功所不可或缺的第三要素。罗伯特·弗兰克（Robert Frank）和马尔科姆·格拉德韦尔（Malcolm Gladwell）对此都写过非常精彩的作品。[1] 然而，当成功人士否认了自身以外不可控因素所起的作用时，他们就不会想到去为他人创造同样的条件，他们想当然地以为，那些不够走运的人只是不够资格而已。

社区学院院长马特·里德在《高教情报》博客主页上发过一篇直言不讳的帖子，讨论了自己在招聘教师过程中遇到的一些"看不见"的决定因素。[2] 首先，兼课教师的存在，降低了开设终身制职位（或终身制"这条线"）的可能性。

> 这是一个特别残酷的两难处境，招聘某个给定专业的兼课教师相对比较容易，但事实上也制约了这个职位进入终身制发展。如果你的经费只够聘请一名全职教师，而你面临两个招聘需求：一名历史学教师，还有一名药剂学教师，你会怎么做呢？如果优秀的历史学兼课教师比比皆是，而优秀的药剂学兼课教师几乎无处可寻，你当然会把终身制职位留给药剂学。

1　Frank, *Success and Luck*; Gladwell, *Outliers*.

2　Reed, "Meritocracy and Hiring".

104

里德接着又谈到了师资招聘是如何应对起伏的入学人数、不断减少的经费以及捉摸不透的"合适人选"的，这里"合适人选"的意思是应聘者既能解决学校的燃眉之急，又能助力院系卓有成效地向前发展。

> 有时候院系需要的是"调停者"（peacemaker），而有时候需要的是"火花塞"（sparkplug）。有时候为了满足人员结构多样性，而招聘不同种族、性别的教师。有时候院系"近亲结合"的现象严重，所有教师全都出自某一两个学科背景，因此会需要招聘拥有不同视角的教师。更有些时候，只是为了招一名不会对"网络教学"产生抵触情绪的教师。凡此种种与通常定义的"优秀"毫无关系，但都有说得过去的理由。

问题在于，即使院系需求不断发生改变，一旦踏入终身制阵营的大门，此人便再无后顾之忧。终身制教职增加了学者的利益，也增加了那些安全上岸的人将自己视为公平竞争之最后赢家的能力。一位新晋的助理教授用最初的 6 年工作时间，来证明自己作为一名学者和教师的学术才能，这也算是某种形式的考察期。待 6 年期满时，这名青年教师将接受严格的评审，评委可能来自所在系、学院，还可能是远道而来的、该学科领域的其他专业人士。通过审核后，这位助理教授将升为副教授。这次晋升将为其带来薪资的大幅上涨，并且该职位（终身制）也将保留到其退休为止，除非该教师出现严重的渎职行为或学院深陷财务危机。

美国大学教授协会在其发布的《1940 年关于学术自由和终身制教职原则的声明》中表达了终身制教职的基本理念：

105　　　　　　研究自由是探索真理的基础。教学方面的学术自由对保护教师教学权利和学生学习自由权利至关重要……终身制教职是实现这一目标的一种手段，具体包括：（1）教学、研究和校外活动的自由；（2）足够的经济保障，使该职业对有能力者（不论男女）充满吸引力。出于学术自由和经济保障的考虑，设立终身教职制度，对于院校成功履行其对学生和社会的义务而言是必不可少的。[1]

终身教职制度的支持者看重这里的第一项条款：学术自由意味着不必担心自己因不得人心的思想而遭到解雇。而反对者则针对第二项条款指出，不能理解为什么要让有的人在有的地方做一份永远不会被解雇的工作。[2] 事实上，第二条的出现有些出其不意，在该协会声明的崇高理想中，再也找不出其他涉及高校教师经济保障问题的地方。在其 1915 年发表的声明中，工作保障仅仅是能够安全地表达不得人心的思想和发现，而不是经济福祉。在经济出现大萧条后，对失业的担忧成为资源稀缺年代的附加因素，当时只有 4% 的成年人口拥有本科学历，因此"对有能力者（不论男女）充满吸引力"成为非常棘手的问题。而今这个问题早已灰飞烟

---

1 参见 American Association of University Professors，"1940 Statement of Principles on Academic Freedom and Tenure"。为了与学术界的讨论保持一致，他们于 1934 年开始起草这份共计 850 词的声明。

2 这种分歧类似于长期担任兼职讲师的约翰·华纳（John Warner）对学术自由保护者——"终身教职原则"（tenure as principle）和劳动关系模式——"终身教职政策"（tenure as policy）所作的区分。参见 Warner，"19 Theses on Tenure"。

灭，有能力者不计其数，而且大多处于被终身聘用这一安全港湾之外。

学院魅影：教师队伍中的"隐形人"

> 大概在 15 年前，还没有任何兼职教师代表参加过教授评议会（faculty senate）或教授委员会（faculty council）。英语系邀请兼职讲师参加课程讨论会、学术研讨会和社交活动，但不会请他们去参加那些可能讨论升职加薪、开设终身制职位和招聘事宜的院系大会。我想说，我们兼职教师有 255 人，而他们终身制的教师只有 55 人。
>
> ——安妮特，兼职讲师（拥有 40 年教龄）

在大部分学院同行眼里，兼课教师仿佛是隐形人，完全看不见他们的存在。这些学院"临时工"参加各种会议纯属义务劳动，当然，他们也很难有时间抽身与会，所以极个别院校或院系就算愿意为他们敞开议事论事的大门，多数兼课教师也不会成为常客（当然，在终身制教职同行看来，这一点进一步证明了他们缺乏参与热情）。

但事实是，即使是终身制教师，在日常工作的细节方面，很大程度上也只是彼此眼里的"隐形人"。一方面人人都很忙；另一方面由于学术自由的文化，一位教师坐在另一位教师的课堂里旁听，这是非常罕见的情况，如果确实发生了，想必也是课程主管或院系主任正在履行监管职责，而不是同事间出于好奇心来"打探情况"。教学活动是一种封闭式的文化，一种充满敬畏之心、很少对那个封闭的课堂环境一探究竟的文化。

对于终身制教师，其晋升机制意味着一名学者所在院系的同行要在若干年后，评估其是否符合副教授的任职资格时，才会仔细考察其所撰写和发表的研究成果；再经过若干年后，才评估其是否可以从副教授升为正教授。一辈子两次，就是这样了。对于兼课教师，能给到他们科研生活上的支持和关心就更少了，他们唯一能够得到的审核机会就是期末时的课程评估，通常由院系主任负责进行。

如此一来，低人一等的"临时部队"更不会被"终身阵营"的同行放在眼里。造成这种视而不见的首要原因是学院内所有教研人员所处的普遍环境，导致没有人知道他们的教学和科研进展如何。而他们进一步被忽视则是因为"临时工"的身份，使他们在更深层的学院、科系和教师议事机制上不能有所作为。

管理者的两难处境

共同治理制度在美国高等教育里所扮演的传统角色非常简单：学院教研人员与学校管理者在大学日常管理的不同方面各司其职。前者不论是作为个人还是作为集体中的一员，都负责为课程制定大纲，为学生和教师制定学术标准，为学校制定学术发展议程。凡涉及学术性质的事务，全部交由学院教研人员负责。后者则负责筹集和分配资源——包括时间、空间、人力和财力等各种资源。

我们经常能听到，当教研人员谈起新晋为院长的同事时，会说其"走向了黑暗面"，这就好比把那些试图共同管理一所学校的好心人，看作是《星球大战》系列中的大反派达斯·维德（Darth Vader）和男一号天行者卢克（Luke

Skywalker）相互联手一样。我想在这儿表明自己的立场，我并不赞成从"邪恶的管理者"这一角度去诠释"按需劳力"不断增长的现象。因为大多数管理人员在不久前也曾是教职人员，他们不太可能被某个神秘的"管理帝国"招募为双重间谍，也没有哪个冷漠的股东会要求当地分公司经理为增加企业利润而压低员工工资。我们还是得从生态体系、角色分配和适应过程等维度来思考这个现象。

学术管理何尝不是一门学科，它拥有自己的知识体系、自己的成员社群和网络、自己的期刊和会议。正如社会学家参加社会学会议一样，院长和教务长也会参加学术管理会议；正如社会学家借鉴同行的出色思想一样，院长和教务长也会参考同行的"最佳实践"。等他们回来时，便带回来入侵物种。某个在别处是美好的想法，可能也会使他们这里的景观更具魅力。但是，有时因为土壤欠佳或气候太冷的缘故，进口作物无法适应本地环境。有时新的想法会呈现过度竞争的态势，排挤掉许多颇具产能的旧有物种。毕竟，管理者掌控着全部资源，若他们产生了某个心仪的想法，便会付诸实践。这就造成院校之间的同质化，成千上万的工薪阶级和中产阶级的大学，除了就近入学的便利性和篮球场上的竞争性这两点外，其他方面都变得千篇一律。

问：换一个灯泡需要多少名教师？

答：换？！？

——基南，某普通州立学院学术服务人员

　　管理者需要面对教师无需面对的快速作出改变的要求。如果说一个学校发现自己的学生在计量学科方面表现不够好，该校教务长可以要求教师开发一门跨学科数学课程，这可能会引发持续 6 年时间的争论，最后只是已有的做法被冠上新的称呼而已。或者，她也可以为跨学科数学课程专业配备办公室人员，聘请一名新的协调员，使项目在 2 年内运转起来，这一迅速的进展彰显了诚意与行动力。教师的审慎态度导致事情进展得非常缓慢，也使行政管理体系中的那些更加明确的行动步伐更显优势。

　　我所见过的每一位教师，在听到"教工会议"4 个字时都会作出一个本能反应——翻白眼。教工会议不可避免地成为一件无比悲催的事。可是为什么会这样呢？道理很简单。学者的整个职业生涯都是在已知的认识基础上发现问题。他们在我们的知识体系边缘挖掘出细小的新问题，并倾注其所有的精力和智慧进行准确定义、重新定义或使这个细小的问题变得更为复杂。

现在集齐 100 名这样的学者，并让他们审核一份政策。你觉得一切会进展顺利吗？人人会赞成的 90% 的政策会被忽视。每个参与讨论的学者反而会去关注一个此前未被发现的问题，一个不甚合宜的措辞或是一个未经确认的矛盾之处。每个人都拉扯着他们手中最中意的那根线，要不了多久，整件毛衣就散架了。大学教师素以目中无人、吹毛求疵而著称，这是他们之所以成为大学教师的核心特征！几十年来，他们一直在接受这样的训练，发现思维中的瑕疵或差异，并带着一定程度的自信表态——他们已对此进行了准确的分析，提出了适当的解决方案。教师自治固然吸收了学者身上最优秀的品质，但却以完全不尽如人意的方式利用了这一品质。无怪乎面对不同时间节点压力的管理者，为了完成一些工作，尽力绕道而行。

管理者代表的文化也不同于他们的教师朋友，这是一种以注意力分散为特征的文化。他们必须盯着几十个部门、几十个校园倡议，甚至天还没亮就有一堆紧急的火情等着扑

109

灭。我自己做院长那会儿，我的工作就是"不断被人打扰"，大部分的工作都不是独立完成的，而是多方协调的产物。学者和管理者对于时间的看法也是完全不同的。学者需要大量不间断的工作时间，实验室一待几个小时、文字处理机前一坐几个小时、实地考察一去就是几个月。持续不断的以分钟为单位的压力，使管理者忘记了学者的工作特点，使他们以为每个人都可以随时参加协调会议、填写报告、回复电子邮件和完成评估数据。简而言之，管理者的工作就是开会，而开会使学者无法工作。

> 没有什么比一个刚刚开完会的院长更可怕了。
>
> ——哈里，中产阶级公立学院院长

管理者因承担各种责任而加入的行业协会，要比教师同行多得多。他们参加各州、各地方专业协会的会议，加入负有相关使命的学校组织机构——天主教会学校、文理学院、艺术与设计学院、法学院及研究生院。他们参加组织会议，促进特定学习结构的发展，包括服务学习、大学新生研讨会、元认知反思（metacognitive reflection）和顶点课程项目（capstone projects）。他们参加各种认证机构举行的会议，也参加那些有助于自己更好地完成协调工作、游说工作和财务管理工作的会议。一位学院院长参加的会议数量要比6名教职员工参加的会议总数还多，这不仅耗费财力，也带来了"认识混淆"的惯常风险，即毫无节制地把新的思想观念传播给新的合作伙伴。

由于高等教育发展的规模和跨度双向扩大，监督责任人也面临日益密集、纵横交错的管理任务。结果是，院校高管薪酬越来越高。虽然大学校长拿7位数薪酬仍属少数，但也绝非罕见（在全美39个州中，薪水最高的公立学校员工是大学篮球队或足球队的教练。[1] 而获最高薪水的学术型员工，很可能是医学院院长，要不就是大学校长）。尽管和爱玛客（Aramark，美国校园食品供应商三大巨头之一）的合同支出或实验器材的耗费相比，大学高管人员的薪酬项目支出不算突出，但当临时教师遭到这帮工资是他们20倍的人的炮轰时（竟拿削减开支说事），还是令人感到非常愤慨的。

110

---

1 Fischer-Baum, "Is Your State's Highest-Paid Employee a Coach？（Probably）".

不管工资是否得到充分保障，高级管理者的工作难度的确不小。他们往往要应对永远处于变化中的各种需求，不仅要与校内伙伴共事，也要与校外伙伴合作，同时还要确保自身操守符合行业与立法标准。正因如此，他们的到来减少了院校作为个体的独特性，也给设计琐碎无谓、非根本性质的区分度带来更大的压力。官僚体系的天才之处在于把天才融入了官僚体系，打消那些聪明、冒险的念头，统统埋葬在这一体系的安全构架之下。我们将标准化实践推行得越成功，高等教育的"亚马逊"时代就将越早到来。

不露声色的第三方机构

高等教育领域的"入侵物种"，不只藏匿于个别管理者旅途归来的行囊里；它们还以"专业协会会员"和"行业认证标准"的名义与"宿主学校"建立起联系。以下是一所普通州立大学所加入的各种专业协会：

· 美国工程技术认证委员会（Accreditation

Board for Engineering and Technology）

· 美国健康教育协会（American Association for Health Education）

· 美国化学学会（American Chemical Society）

· 美国外语教学委员会（American Council on the Teaching of Foreign Languages）

· 国际儿童教育协会（Association for Childhood Education International）

· 国际航空认证委员会（Aviation Accreditation Board International）

· 美国联合健康教育计划认证委员会（Commission on Accreditation of Allied Health Education Programs）

· 美国运动训练教育认证委员会（Commission on Accreditation of Athletic Training Education）

111

· 美国特殊儿童协会（Council for Exceptional Children）

· 美国社会工作教育委员会（Council on Social Work Education）

·美国大学生科研协会（Council on Undergraduate Research）

·美国咨询及相关教育项目认证委员会（Council for Accreditation of Counseling and Related Educational Programs）

·美国教育领导成员理事会（Educational Leadership Constituent Council）

·美国联邦航空管理局（Federal Aviation Administration）

·国际阅读协会（International Reading Association）

·国际教育技术学会（International Society for Technology in Education）

·美国跨州教育工作者许可协议（Interstate Agreement for Educator Licensure）

·美国幼儿教育协会（National Association for the Education of the Young Child）

·美国音乐学院协会（National Association of Schools of Music）

· 美国艺术设计学院协会（National Association of Schools of Art and Design）

· 美国公共事务与行政学院协会（National Association of Schools of Public Affairs and Administration）

· 美国社会研究协会（National Council for the Social Studies）

· 美国师资培训认证委员会 / 教育工作者资格评审委员会（National Council for the Accreditation of Teacher Education/Council for the Accreditation of Educator Preparation）

· 美国英语教师委员会（National Council of Teachers of English）

· 美国数学教师委员会（National Council of Teachers of Mathematics）

· 新英格兰学校和学院协会（New England Association of Schools and Colleges）

· 健康与体育教育工作者学会（Society for Health and Physical Educators）

上述机构均优先考虑常态化运作，确保所有加盟院校不会背离主营机构的操作要领。费用上，所有机构都要向其固定员工支付薪水、收取会费，还会产生会议差旅费用（临时/兼职教师在这方面不受任何资助，使其相较于终身制同行来说更趋边缘化）。[1]时间上，所有机构都主张一种自愿性与专业性相结合的参与方式。所有机构都要求对本地课程加以调整，以符合更宏大的利益诉求。所有机构都通过增加学分的可转换性以及降低教学成本的方式（但仍将机构支出归入"教学"这一并不透明的预算范畴内，因为这貌似并无不妥），使"按需而定"的教师制度得到进一步发展。

加之地方政府和联邦政府所辖的特别工作组提出的每一项"常识性要求"，乍看之下合情合理，事实上却触发了动摇根基的变革。举例来说，弗吉尼亚州高等教育委员会宣布，公民参与将作为一项"核心能力"成为所有成员院校的考核内容。[2]北卡罗来纳大学系统的每一所院校则被要求在

1　Flaherty，"Article Sparkes New Round of Criticism"．

2　State Council of Higher Education for Virginia，"Statement on Civic Engagement"．

当地经济发展中发挥作用。[1]佛蒙特州教育局负责落实当地立法机构通过的"灵活衔接课程计划"（Flexible Pathways Initiative），该计划敦促成员院校提供"大学预修"或"双录取"方案，以确保高中毕业生顺利升读大学。[2]所有管理机构都不遗余力地推进各自制定的特殊方案，使所有院校不断尝试去整合无数相互矛盾的利益关系，以致处于夹缝中生存的不利地位。

高等教育并不只是由数千所遍布全美、有迹可循、有责可问的院校组成的。高等教育同时也是成千上万"影子机构"的缩影，包括行业协会、智库、私人基金会、立法机构及认证机构等。这些组织机构都雇用了专业和非专业人士，都需要召开例会和占用差旅经费，都需要发表期刊和简讯、收发电子邮件、占用会员自愿投入参与的时间。即使宿主抱怨自己血气不足，这也并不妨碍吸血虫大饱口福。

1　University of North Carolina System，"Economics Engagement"．

2　Vermont Agency of Education，"Flexible Pathways"．

特权的保护

上述三种稳定的群体，即终身制教师或已进入长聘轨的教师，高等教育的行政管理者以及无数共生的组织机构，都有十足的理由去稳固自己的城池，忽视护城河外其他人的利益。他们清楚经费来源的不确定性，在收成不济的大背景下，努力维系着滋养生息的涓涓细流。他们有着明确的进度安排，集中精力落实既定方案，即使这么做会有违更宏大的使命。

此外，"事后诸葛式"的偏见也是一股强大的心理暗示力量。高等教育领域到处都是智力超群、动力十足、产量丰富的人才，他们知道自己工作勤奋有加，身边环绕的都是旗鼓相当的对手。总体来说，被接纳的正式成员的确堪当大任。然而，这种认识很容易迅速走向一种毫无依据的"正话反说"：不被接纳的非正式成员纯属不够资格。

对"按需而定"的劳动力采取视而不见的态度，是三大稳定的生态群体寻求自我安慰的一种情感工具，正如对孟加拉国服装工人（"血汗工厂"）的无视，使得我们能理直气壮地买下一件打折衬衣。对"饿汉"作出"不配吃饱"的预判，以及对他们视而不见的能力，一直以来都是"饱汉"良心得到安宁的神药。

第七章

无一幸免
的旁观者

我真的很喜欢上您的课。您还教别的什么课吗?

——大一新生向兼职教师发问,
但那位教师只教那一门功课,两人此后再无交集。

按需而定的学者，像被冲刷上岸的废弃品一样，他们遭受的伤害是显而易见的。但其他人为什么也要关心生态群落的再平衡问题呢？因为每个与高等教育休戚相关的人，某种程度上都因"按需而定"受到伤害。有一些伤口肉眼可见、当场暴露，而另一些创伤则是文化与精神层面的。

大学中长聘制教师不得不在人手精简的情况下开展院系的工作，包括处理日常事务、课外辅导学生、修订课程或教学大纲、汇集多年劳动成果以应对外部评审等，但各方面人手均在日益减少。更重要的是，教师人数减少是因为人们普遍认为，我们并不是真正地需要他们，他们可以被高效、价廉的临时工或在线课程模块所取代。大学教授这一概念本身受到质疑。在交易模式下的消费者文化中，教学通常是令人怀疑的对象："有能力的人去从事科研，无能者才来教书。"而临时教师队伍的发展壮大则充分佐证了这一怀疑——大学教师是可以等价互换的内容提供者，任何比自己学生多了一些知识的人都足以胜任。

在课堂之余，为本科生答疑解惑的教师越来越少了。在一所优秀的大学校园里，本科学习就像谈恋爱一样，学生从一群人那儿修一堆课，如果走运的话，他们会找到那个激发思想、启迪人生的人。但并不是每个人都会受同一位教师的思想感染，这也是我们要让学生上 40 门截然不同的课程的部分原因。然而，如果半数课程由非长聘制教师任课，即使学生迷上了其中某位兼课教师的想法，也没有机会与之再度相逢，也无法把这段师生关系引向一条穿越知识花园的崭新道路。他们甚至连在课间都见不到那位教师，因为她正马不停蹄地赶往另一所学校，上另一门课程。一旦我们把学院生活压缩成只是"授课"而已，师生之间的督导关系便无从建立。

对大学教育的一大误解就是把它简单理解成一系列课堂体验。课堂教学确实可以精彩纷呈，但把它等同于大学教育的全部却有因小失大之嫌，因为智识成长之路中不可或缺的人为因素被忽略了。我的一位朋友——姑且称他为刘易斯教授（Prof. Lewis），是某个招生规模很小的专业方向的授课教师之一（该专业方向从未有超过 5 位教师同时任教），在他任教期间，主修这个专业的学生人数激增。在他转到行政管理岗位之后，主修人数又暴跌，甚至不及他任教之初时的学生人数。那些年的那些学生，无不奔着刘易斯教授而来，他的专业课之所以能深深吸引着他们，是因为那是他用来表达自己对这个世界满怀深情的语言，并与学生一同分享了这种深情。

研究生也因学术视角的局限而苦不堪言，少有教师会对手头的论题表达出独到的见解。硕果仅存的那部分终身制教授埋首于自己的研究课题，研究生并没有在集思广益的氛围中接受思想上的熏陶与挑战，却在为某位教授自己的课题项目打下手。同时，博士生也越来越认清现实——即使他们使出九牛二虎之力，也很难赢得一份教职工作，他们必须时刻关注获胜概率，即使希望渺茫，也要保持艰苦奋斗、勇敢无畏的精神。他们中约有一半的人无法坚持到最后。[1] 而那些坚持到底的人，也有相当一部分人梦想破灭了，渐渐地不再看好学术生涯。[2]

1　参见 Council of Graduate Schools/Educational Testing Service, *The Path Forward*, 31, Figure 6。

2　Roach and Sauermann, "The Declining Interest in an Academic Career".

管理者也深受大学教师兼职化趋势的困扰。根据入学人数的需求，在最后时刻填补职位空缺，使招聘工作成为每个学期都逃不掉的噩梦。校长和教务长疲于奔波，四处寻求财政资助与机构合作机会，今天的高等教育只是大学提供的诸多内容之一。管理者缺少足够的师资力量来推进他们不断提出的完美倡议。没有了从思想上遏制消费主义的刹车机制，大学校长心中的美好愿景无法兑现为新的学位课程，只能像烟花一样划破天空，闪耀一瞬，然后便消失在夜色之中。

　　管理者的困扰还在于兼课教师群体被排除在校园文化的重要议题（即学术层面和行为层面长久建立并不断完善的规范体系）之外。兼课教师只在"教学效果"这一个方面接受审核（课程评估是唯一可怕的考核指标），而不必接受更大范围的活动考评，包括学术能力与敬业程度等方面的评估，因此他们必须在这座狭窄的独木桥上找到学生支持与学术规范之间的平衡关系。[1]这样一来，兼职教师就有了压力，

1　Heller, "Contingent Faculty and the Evaluation Process"; Samuels, "Nontenured Faculty Should Not be Assessed by Student Evaluations".

对剽窃或其他学术不端的问题显得比较"宽容",他们更多的是向学生提供一种知识框架,而不要求学生发挥充分的创造力和主动性。[1] 兼职工作的不规律性也给各种形式的学生辅导和帮助造成困难,比如,如何报告发现学生之间的性侵或性骚扰事件等。[2] 兼职教师没有足够的日常经验来熟悉大学所提供的各类学生支持服务。

数量不断增加的专业的支持人员,貌似是整个过程中的赢家,也被迫成为解雇那些非专业的同事、职员和秘书的帮凶,这些同事和秘书已被外包服务和技术手段所取代。专业的支持人员被迫接受每周工作 60—70 小时的常态,并在工资不变的情况下完成大量的超额工作,而这些工作量在过去足以让学校在他身旁增加一个工位。

既然"按需而定"的工作制度对那么多人造成巨大伤害,为什么我们没有揭竿而起?为什么这种学术奴役模式如此顽固不化?为什么会有那么多无能为力的旁观者?

---

1 Hudd et al., "Creating a Campus Culture of Integrity"; Isabell, "A Professor Examines Why Her Students Seem to Be So Helpless".
2 Henshaw, "The Challenges for Adjuncts When Supporting and Counseling Sexual Assault Victims".

因为这一切看起来再正常不过了。

高等教育并非孤立于我们所处的大环境，而这个大环境也在对"按需而定"施加压力。即使学校遗世独立，成为充满关爱、行事审慎的组织机构，成为抗衡商业化浪潮的中坚力量，它们还是不可避免地受制于无处不在的狂风暴雨。高等教育领域的"按需而定"只是更广阔天地里"按需而定"的一个缩影而已。

保护消费者，抛弃制造者

美国人受到消费主义鼓舞，以丰富的选择、新颖的款式和最具优势的价格来看待我们的生活。我们不再以造物为己任，而是崇尚购物文化。我们免受生产劳动的一切苦痛，不再从事采矿、农业等体力工种，也不再饱受制造业所带来的职业病的危害。造物是沉闷而缓慢的过程，购物却是刺激又迅速的享受。造物有风险，也许结果还会不了了之。购物却有保障，产品和网上发布的样子如出一辙，但凡有所差池，我们就可采取报复行动——在 Yelp（美国的大众点评网）上打出一星差评。（当然了，Yelp 上也有关于大学的评论。我最喜欢的一则评论是关于位于帕洛·阿尔托的山麓学院（Foothill College）的，里面有一句话："只要校园提供免费停车，我就自动给出四星好评！"）造物是耗费体力、周而复始的过程，而购物则是轻松自如、不分昼夜、不必下车即可随买随行、7 天 24 小时都能心满意足的体验。

在过去 50 年间，我们向立法者施压，通过了无数保护消费者的法案，同时也撇清了我们在保护制造者方面的责任。设立工会组织的工作场所的比率，也就是为共同福祉团结起来的工人比率，已从占非农业工人总数的近三分之一下降至 10% 左右。争取每周工作 5 天 40 小时的工作制，在今天看来似乎很奇怪，只有在黑白新闻片中才能看到。当然，有因必有果。若工会不复存在，只要有人愿意接受工作，雇主就能手握压低工资、延长工时的大权。人们潜在的态度是：工人的生命无关紧要。每个工人都可以被另一个经验不足的人、被技术、被一个来自低工资国家的人所取代，或者说，工资的稳定性和可预测性没有任何社会效益，这又成为工人丧失团结性的反作用力。

雇主以五花八门的新颖方式裁员或减薪，而高等院校也以自己的方式予以效法，我们可以把它们归结为几条核心策略：

人员更少，工时更长。 任何收入接近专业人员水平的工薪工作者都无权享受超时劳动保护，正因为如此，专业职场上所设的职位被增加了太多的工作内容，以至于这些工作根本无法在每周 5 天、每天 8 小时内完成。我在高等教育领域的一些朋友一直跟我说，一周工作 50+ 小时基本上是常态，偶尔甚至达到 70+ 小时的峰值状态。这还不包括无休无止的电子邮件，我们可以整个晚上、整个周末地查收回复，并且不被计为工作时间。我们的父母辈不曾经历电子邮件的时代，他们下班回家就意味着工作已经结束，第二天早上才会重新开始工作。当代工作者则处于始终待命、随时联系的工作状态。

把工作者重新定义为独立承包商。 优步并不雇用司机，它只是与他们建立了服务合同关系。司机自行配备车辆，自行承担油耗、车险、智能导航以及缴纳所得税。优步只是为整个租车服务打广告，搭建相互联结的应用程序平台，并为司机提供计件工资（但这些司机几乎赚不到任何钱，他们的平均月收入约为 375 美元）。[1] 兼职教师相当于高等教育行业里的"司机"，他们自行负责与工作相关的一切开销，自行纳税、缴医保及退休金，还要自行承担电脑设备、软件、电话及办公设施的费用。学校甚至还可能命令兼职教师将其申报的工作量控制在某个峰值以下，以避免承担医疗保险等昂贵福利的机构责任。[2]

解绑专业工作，创设准专业人员。你多久看一次医生，每次能看多长时间？你见到的更有可能是医师助理，或者全科护士。医院和医生办公室里都配备了大量的准专业人员以及无执照的助理人员，他们以较低的工资承担了过去医生或护士的一部分

---

1 Fry and Rapp, "This is the Average Pay at Uber, Lyft, Airbnb, and More".
2 Dunn, "Colleges Are Slashing Adjuncts' Hours".

日常工作。同样，在律师事务所，执业律师会亲自接见并向你提供法律意见，但合同语言、文件准备和出庭时间的安排将由律师助理来负责。高教领域虽然没有创造出自己的"专有名词"，但也出现了一个"准教师"阶层，他们如今承担着大部分的大学教育工作，而更重要的使命和机会却留给了正式教师。[1] 正如律师助理和准医护人员的职业地位一样，他们转正的可能性微乎其微，因为这本身就是一条特殊的职业之路。

高等教育领域的更多创新形式——能力本位型学习和自定进度的模块化"徽章"，进一步解锁了专业服务的性质。在"美国学院"（College for America，南新罕布什尔大学领衔推出的在线学习方案），每个学生都有一个"学习教练"来评估其整体学习进度，并提供一定限度的辅导。在每个自定

---

1 这件事已经悄悄进行了很长一段时间。参见 Ritter，"Ladies Who Don't Know Us Correct Our Papers" 所作的非常有趣的概述，作者使用"非专业读者"（lay readers）一词描述了早在 20 世纪之交，为写作密集型高中与大学课程批改作业的女性。

进度的模块学习结束时，"学术评论员"会对作业或测试进行打分评估，并保证在 48 小时内反馈。[1] 能力本位型院校所提供的学位认证课程，只消花费传统大学学费的一个零头，便能获得。课程之所以能开展起来，全靠"准教师"的辛勤付出，即更快的节奏、更低的报酬、原子化的工作、缺乏弹性自由并且毫无工作保障。

非核心职能全部外包。 书店、饮食服务和商品销售等工作在异地开展完成的情况越来越多，提供这些服务的公司也为其他数十个或数百个组织机构提供同类服务。财务职能——如簿记和工资核算，技术职能——如电子邮件和网络维护，还有其他各种易于复制的服务均可外包，不必花费更高的成本自己雇人完成。这成为高等教育系统中非专业服务人员招聘数量减少的重要动因。举个简单的例子，美国索迪斯公司（Sodexo USA）自我标榜为"提供

1　College for America，"Meet the Advisors & Reviewers"．

优质生活服务"的领跑者，并向其客户院校提供种类丰富的服务内容。索迪斯公司的雇员会修剪草坪和灌木；会清洗厕所、修理屋顶；会在冰球比赛时出售门票和爆米花；会负责填饱学生的肚子并承接各种会务工作。他们以较低的工资和较差的福利聘用不受学校约束的工人来取代院校雇员，以具有竞争力的价格为院校提供上述各项服务。

一项隐性的"跨代福利"因这种外包服务悄然流失，那便是家庭学费减免政策，即某位监护人的子女可以免费就读于其母亲工作的学校。但如果监护人为索迪斯公司、爱玛客服务公司、核心管理服务公司（Core Management Services）或另一个合同工组织机构工作，或监护人本人就是一位临时兼课教师，那院校将不承担任何责任，而他们的下一代也将失去获得资助的机会。

以技术手段代替人手与空间需求。教师和教室很费钱，图书馆及图书管理员也很费钱，而宽带和内存却很便宜。作为回应，大学大力推广在线教育、自学教程、讲座数据库和在线学习指南，不断开发新的在线期刊、可搜索的全文数据库及电子书租赁服务。所有这些都提高了消费者的使用效率和便捷程度，但同时最大程度地降低了实体设备对人工制造者的需求。如果说，亚马逊网站对实体零售业是一场灾难，那么高等教育的在线模式亦复如是。从网络教学平台、数字化期刊库到谷歌学术的出现，都给它们行将替代的人工教育者带来了巨大的压力。

122虽然消费者享受的福利是用欺压制造者作为代价换来的，但承认这一点令我们感到不适。我记得有这么一次谈话，对方在短短 5 分钟内，从"没有什么是美国制造的，中国抢走了我们所有的工作"谈到"我得去一趟沃尔玛，买一个新的烧烤架，那儿正在搞促销"——此人完全没有停下来分析，把这两件事关联起来思考。因为它们确实相互关联。能够心安理得地享受平台带动的、成本低廉的、种类繁多的便捷服务的前提是：我们不想费一点心思去了解这些毫无福利保障的工作，这些根本不能称为工作的工作。在高等教育行业中也是如此，那些工作根本就不能被称为工作。[1]

　　这种对劳动的屏蔽是我们追求理想消费体验的必要条件。以汽车行业为例，以下这些当代汽车的标配，对于我年轻时所谓"黄金年代"的汽车而言，不仅鲜有耳闻，而且无论花多少代价都几乎不可能实现，但福特野马、雪佛兰科迈罗以及普利茅斯梭鱼等一系列代表着美国精神的"肌肉车"也曾让出生于婴儿潮的男士眼前一亮：

　　·主要性能：燃油喷射，五速或六速（或更多）变速箱，子午线轮胎，盘式制动器，双凸轮轴，经空气动力学优化的车形；

　　·安全性能：安全气囊，儿童座椅安全带，自动张紧安全带，碰撞缓冲区，安全玻璃，防抱死制动，牵引力控制；

　　·便利性：导航，蓝牙，卫星收音机，USB 插座，免钥进入，电源插件，可重新配置的座椅，无

1　30 年前，加里·罗德斯（Gary Rhodes）就写过消费需求对高等教育的影响。参见 "Higher Education in a Consumer Society"。如果确有什么影响的话，那这种影响已经加速了。

处不在的杯托和储物格。

这些配置使当代汽车比我童年时代的任何一辆汽车都更快、更省油、更安全、更持久、更舒适，其价格也与1967年版福特"老爷车"（经通货膨胀调整后）的价格相差无几。

这些优势之所以能够实现，不单是因为技术实力得到提升，同时也因为当代汽车的生产条件已经今时不同往日了。1934年，世界产业工人联盟（Industrial Workers of the World，IWW）发表了一篇题为《失业与机器》的文章，其中包含了这段言论：

> 1909年，制造一台汽车需要303个工时；1929年，工时缩短为92小时；而到1933年，时间耗费得更少了。[1]

就丰田汽车而言，如今制造一台车的时间已少于20小

---

1 Industrial Workers of the World, Unemployment and the Machine.

时。[1] 计算机辅助设计或计算机辅助制造、机器人装配、预装配部件采购、及时零件供应——当所有这些技术手段都被运用到福特迪尔伯恩卡车或阿拉巴马本田汽车制造厂的装配线上时，汽车制造所需的人手就更少了。

但是，在一辆汽车的生产过程中，仍有大量需要人工操作的工序存在，其中，大部分由工程师、流程经理和零部件供应商在生产车间以外的场所完成。美国本田汽车公司在其官网上宣称，公司拥有 644 家原初设备制造商，生产从后视镜到电机支架在内的所有产品；另有 1183 家服务零件供应商，生产刹车片和电池等更加通用的可替代产品。[2] 这意味着，主要的汽车制造商和美国汽车工人联合会之间达成的劳工合同内容并不包含这近 2000 家企业——它们从未亲手参与汽车制造，也从未目睹新车下线。

高等教育一直都属于劳动密集型产业，今后也是这样。但是现在，这项产业中的多数部分都外包给了临时分包商——他们只是课堂中的授课者，并不接触更宏大的课程框

1　Toyota Motor Corporation，"How Long Does It Actually Take to Make a Car？"

2　American Honda Motor Company，"Honda Honors its Top North American Suppliers"．

架。而这项产业中另一部分重要内容则掌握在专业人员手里，他们负责在幕后组织和运作学生支持体系以及课程专业的工作，并不直接接触学生或参与教学工作。这两个庞大且隐形的群体都不在长聘制度的保护范畴之内，因为那是正式教师和学院之间才会达成的协议。

我们永远需要劳动力。但我们可能并不需要那么多人手，不需要直接雇用他们，也不需要支付那么多报酬。

"希望劳力"与"内容提供者"经济

124

"网络 2.0 时代"的金融模型主要是对无偿贡献实行资本化运作，它将马克思所讲的"劳动剩余价值"发挥到了极致。从 YouTube 到维基百科，从 Instagram 到 Pinterest，从《赫芬顿邮报》(*Huffington Post*) 到 Daily Kos，网络经济全靠内容提供者免费上传各种素材。虽然并非每一首诗、每一张照片、每一段搞笑的宠物猫视频都冲着打赏而来，但当为数众多的内容提供者兢兢业业地分享内容时，都希望能被人发现，能从一大波喜剧演员、散文写手、说唱歌手中脱颖而出，能获得应有的劳动报酬。传播学研究人员凯瑟琳·库恩（Kathleen Kuehn）和托马斯·科里根（Thomas Corrigan）把这种现象称为"希望劳力"（Hope Labor），并将其定义为"目前从事无报酬或报酬不足的工作，通常为了获得经验或曝光量，希望以此得到就业机会"[1]。

美国各州彩票局和赌场公布他们为数不多的中奖者信息，目的是让那些容易受骗上当的人继续待在赌桌旁。同样地，当某些人靠着免费上传原创作品一夜走红时，我们也会被这样的故事所蒙骗。一名可爱的中学生 13 岁时在台阶上唱了首歌，后来他成为贾斯汀·比伯。2017 年，仅仅 24 岁的他[2]，年入 8000 万美元。靠着拙劣的文笔、二手的荤段子、借用别人创作的人物和故事梗概炮制作品，成就了这位笔名叫"白雪女王的冰龙"（？！？）的网络作家 E. L. 詹姆斯（E. L. James），凭借这几本书，其成功赚入 1 亿多美元。著名的移民作家、魔幻现实主义代表萨拉曼·拉什迪（Salman Rushdie）对她的评价是："我从没读过比这更糟

---

1 Kuehn and Corrigan, "Hope Labor".
2 Forbes, "Justin Bieber".

的出版物。"[1]一只名叫塔妲·索斯（Tardar Sauce）的大脸猫最早出现在社交网站（Reddit）上的一张照片中，后来成了网红"不爽猫"（又名"暴躁猫"，Grumpy Cat），并担任一家市值百万美元的营销公司的形象代言人。[2]这些成功故事非常励志，以至于我们无法轻言"这永远不可能发生！"但这种事情发生的概率实在是太低了，如果未来的女婿声称要以此为职业规划，我们有理由对他打上一个问号。

大学兼职教师也寄托于"希望劳力"，相信只要自己出色地完成教学任务，就终有一天能坐上"正式教师"的议事桌。[3]这种想法同样得打上一个问号。从兼职教师转正为终身制教师的概率微乎其微到毫无讨论的必要，就像一部同人小说能一炮打响成为畅销读物一样无望。兼职教职可能会转成全职的非终身制岗位，这种事情确实会发生，但却是一个极小概率的事件，这给了兼职教师一些希望，起码是某种可能性上的希望，但不是合法性上的希望。举例来说，我所在

---

1 Irvine, "Sir Salman Rushdie".

2 "About Grumpy Cat."

3 Brouillette, "Academic Labor".

的杜克大学博士后小组里，有 4 位成员作为"实践类教授"（Professors of practice，这一称呼是对全职的非终身制人员的诸多称谓之一）在过去 20 年间一直得到留任，而在他们隔壁办公室兜兜转转的那数十位学者，依然深陷在前途难料的境况中。

正是这寥寥数人成了"托儿"，把我们其他人都留在了赌桌上，荒唐至极地赌上一把毫无胜算的赌局。"希望劳力"成为一种值得推广的社会准则。互联网"暗黑系主宰者"（dark masters）如是说："我们每个月都有数百万的浏览量，想一想这是怎样的曝光度……等于说一只脚已经踏进了成功的大门。"[1] 可如果你被太多这样的门夹过脚，你就再也没法好好走路了。诚如光明基金会的德韦恩·马修斯（Dewayne Matthews）最近写的一句话所言："在零工经济时代，通往成功的阶梯总是从二楼开始的。"[2]

1　Kreier，"Slaves of the Internet，Unite！"
2　Matthews，"In Gig Economy"．

副业

我丈夫是一名中学历史教师，虽然他赚得还不错，但我的上课收入肯定也有助于维持家庭收支平衡，特别是当我们有了孩子以后……一个孩子一年的学前教育开销就要 6000 美元，所以基本上我的收入能保证把两个孩子都送去幼儿园读书。更重要的是，兼职也能让我在自己公司的经营状况遇到起伏的时候，不至于出现生计问题。

——埃莉诺，兼职讲师、建筑师

私人智库麦肯锡全球研究院（MGI）在对"零工经济"的研究中，开发了一个简单且实用的"独立工作者矩阵"。他们认为，在美国和欧盟约有 1.5 亿多独立工作者，约占总就业人口的四分之一。[1] 此外，他们还认为，可从两个维度来看待独立劳动力。其一，自由职业者的工资是构成他们的主要收入，还是用来增加其他收入；其二，自由职业者这一

---

1 Manyika et al., "Independent Work".

身份是出于自愿，还是被逼无奈。研究结果参见表6。一个
商业咨询公司会得出这样的结论，令人毫不意外：有70%
的人是自愿成为自由职业者的，为了享受来福车（Lyft）、
代人遛狗和网站兼职设计师的欢乐又美好的时光，让你拥有
更多的时间自由，与朋友一起喝一杯价值16美元的羽衣甘
蓝定制鸡尾酒，并分享昨晚在交友软件（Tinder）上看中某
位帅哥的故事。

表6　独立工作者的4种类型

	主要收入	补充收入
出于自愿	自由职业者30%	临时工作者40%
生活所迫	非自愿者14%	经济拮据者16%

　　但是，抛开这些数字不谈，这4组数据或多或少解释
了我们对"大学兼职讲师"所抱有的困惑。工会组织者与兼
职讲师声援团同时聚焦于"非自愿者"——那些想要进入且
完全适格但却没有进入且今后也很难进入常规教师职业生涯
的人，他们只能东拼西凑地以到处上课为生，既没有职业保
障，也无任何福利待遇。

　　高等教育领域喜欢把大部分兼职讲师归入另一个称

谓——"临时工作者"。他们喜欢谈及那些退休后心心念念重返课堂的老教授，那些每逢春季学期来上合同法某一章节的在职律师，那些配偶负责养家、自己教授诗歌的兼职作家……总之，他们都是按捺不住自己、偶尔要教教书的人，因为教书简直太有趣了！他们都是强迫自己回馈社会的人！都是活跃在一线想要和学生分享真实世界体验的专业人士！

127 这些兼职讲师队伍里的"临时工作者"使高等教育行业把"按需工作"的本质包装成了个人与社会福利，声称向教师和学生提供了一个原本不存在的机会。但这些故事都有误导之嫌，都是有失偏颇的。

还有第三类群体——经济拮据者，是那些临时"捡"到一门课来弥补其他工作收入的不足或不稳定的兼职教师。有时他们是学校里尚在职的员工，比如，一位通过教授力量训练课程来贴补家用的棒球教练。还有些时候，比如像埃莉诺这种，通过教课来平衡尚不平顺的职业生涯，或以此贴补两个成年人的工资都不足以应付的现代必需品的耗费（如育儿经费）。

女性就业

20 世纪 70 年代后期，我曾在密歇根理工大学待过 2 年，总共修了 20 门课，其中只有 1 门是由女教授上的。

20 世纪 80 年代后期，我又重返伯克利校园，总共修了 20 余门课，其中 4 门分别是由 3 位女教授上的，有 2 位属于兼职教授。

20 世纪 90 年代早期，在威斯康星大学密尔沃基分校读研的时候，女教授所占的比例有所提升。我师从 11 位教授，修了 18 门课，其中有 3 位是女性，她们总共上了 7 门课，并都拥有终身制教职。

长久以来，教授身份一直是体现男性专业知识的象征，代表着卓尔不群的专业人士。然而，这一人设正在崩塌，从性别和角色两个维度瓦解。如今，大学教师的工作更多被定义为一个支持性的角色，不再是"舞台上的圣贤"，而成为"路旁的向导"。技术型劳动力（专业技能）总是能比交际型劳动力（沟通协调）获得更多的收入与回报，一度活跃在讲台上的那些收入颇丰、备受尊敬的男教授，被收入较低、地位不高的女教师所替代，因为她们更多地参与支持学生的一线工作。[1]

128

表 7　学术职称一览（按性别统计）

职　　称		男　性	女　性
终身制教职	正教授（在职 15 年以上）	69%	31%
	副教授（在职 6—15 年）	56%	44%
	助理教授（在职 0—6 年）	48%	52%
非终身制教职	助教	42%	58%
	讲师	44%	56%

资料来源：美国国家教育统计中心《高校教师种族背景分析》。

　　美国国家教育统计中心的数据显示，2013 年秋季学期，
在职教授中，男性占 69%；副教授中，男性占 56%；助理
教授中，男性占 48%（见表 7）。这是近年来招聘过程中性
别平等的力证，同时也反映了获得博士学位的女性人数有所
上升。但与此同时，我们看到在非终身制教师中女性占绝大
多数这一事实。高校教师职业向女性开放，在该职业模式向
服务型转变的同时，它也变得更脆弱、更按需而定和更缺
乏绑定性。这是巧合吗？从大量经济社会学方面的研究来

1　Cech, "Ideological Wage Inequalities?"

看，这并非巧合。比如说，哈达斯·曼德尔在她的研究中提出了一种"上下楼梯"现象，即"对女性作为个体劳动者的歧视减少，但当女性入行之后，职业歧视则会增加"[1]。约西帕·罗斯卡的研究表明，进入男性主导领域的大学毕业生起薪远高于进入女性主导领域的大学毕业生。[2]安妮·林肯对兽医实践领域"女性化倾向"的研究说明，男性开始回避那些女性参与度逐渐提高的学科。[3]而莱瓦农、英格兰和艾莉森的研究更清楚地支持了要贬低"女性化职业"，而不是将女性排除在"男性化职业"之外。[4]

我们目睹这种"职业贬低"正在不同的行业间扩散。当女性进入医疗行业时，对医生的个人判断就会引入更多监督和规范操作方面的考量，由女性主导的一系列"准专业人员"应运而生。当女性进入法律领域时，律师助理横空出世，但三分之二的执业律师是男性，而至少85%的律师助

129

1　参见 Mandel，"Up and Down Staircase"。另参见 Striped Leopard 的博客文章，"Patriarchy's Magic Trick：How Anything Perceived as Women's Work Immediately Sheds its Value"。

2　Roska，"Double Disadvantage or Blessing in Disguise？"

3　Lincoln，"The Shifting Supply of Men and Women to Occupations"．

4　Levanon，England and Allison，"Occupational Feminization and Pay"．

理是女性。[1] 当女性进入大学教授的行列时，我们便剥去了这一专职教学岗位的社会地位、职业安全及完整的角色内涵。[2] 我甚至提议研究一下女性人数的上升（在 2017 年秋季入学的本科生中，女性占 56%）与公立院校州政府财政拨款减少之间的关系。[3] 不管什么行业，大家没有宣之于口的一个观点是：如果女性可以做到一件事，那么想必它不太重要，我们不需要为此花费很多钱。

科技带来的雪崩之灾

正如消费者文化的各个领域一样，高等教育也投入了最新科技的怀抱，并很快认为科技一旦存在，便不可或缺。我最近观摩了一所学院的护士专业课程，它拥有一套完整的

1　American Bar Association，*A Current Glance at Women in the Law*；Davidson，"Why Are There More Female Paralegals？"
2　Rhodes and Slaughter，"Academic Capitalism"；Kulis，"Gender Segregation"；Monroe and Chiu，"Gender Equality in the Academy"．
3　National Center for Education Statistics，"Back to School Statistics"．

医院病房设施，配备了标准的供氧设备、电气和数据基础设施，每个病床旁边都配有标准化的静脉输液泵、血压袖带和心脏监护仪。床上还设有一套医疗人体模型，其中有一些受电脑控制，能对学生的操作作出反应。护士专业的学生可能需要面对呼吸并发症、抽搐或癫痫等症状，因为不经意间地用药不当可能会造成上述情况。他们可以协助自然分娩或剖腹产，也可以根据人体模型对出现症状所做的自我陈述来帮助进行诊断。

在相邻的数间教室内，已经建立了护理专业教师观察学生所需的控制中心。教师可以听到、看到模拟演播室里发生的一切，可以对事件进行录像，还可以获得当学生干预时，人体模型所模拟的各项生理功能的完整记录。所有这些都可以用来评估学生当下的表现，也可以在日后用来和学生一起回顾他们的表现。

虽然我也希望护理专业的学生在操练时损伤的是人体模型而不是我本人，但认识到投资这样一套模拟设备需要耗费多少代价也同样非常重要。再把这个投资额乘以数十个分布于校园各个角落的科系设备：平面设计和电影学院的计算机图像绘制工作室、市场营销和地理信息系统专业的大数据

130

分析系统、科学家和工程师使用的超级计算机、数字人文学科中使用的巨型数据库等。可以说，校园里的每个科系院所都堪称计算机科学学院。

教师个人及团队也拥有非常先进的研究设备。科学系不断增添新的设备，包括光谱成像仪和超速离心机、微波／射频加热和深冷处理技术、紫外线透射仪和磷光成像仪，这些一度是精英研究人员专属的科研工具，现在也越来越多地提供给学生使用。就连建筑学院的样板间都成了"微观装配实验室"，配有 3D 打印机、电脑数控刨槽机、激光切割机和机械臂铣床等。

这些装置的配备也造成终身制教授和非终身制教师之间未曾言明的另一种冲突。前者身处安全领地，大力支持购买这些他们教学研究所需的装备；后者则因为这些装备的花费而被边缘化（至少是部分原因），而且没机会染指最好的那部分装备。我们不妨坦率地说，学生和教师会因为更多工具（抑或更多同事）而得到更好的照料吗？打破这些变量的现有平衡，谁又会受益（或受损）更多？

我们再算上所有非学术性的计算机运用与普及情况。校园里拥有数千台台式电脑和打印机，具备安装多台 LED

投影仪的教室、专供教师使用的公告栏和智能写字板。无线网络覆盖了每栋建筑及其周边区域，还有电子邮件服务器、为教工配备的智能手机等。学习管理系统为全球大学提供了细致的档案记录，包括每一份课程讲义、每一篇阅读内容、每一次课外谈话、每一次完成的测验、每一份提交的作业、每一次期中及期末成绩、每一份教师评估报告。此外，校园卡控制了建筑物、房间和停车场入口的进出，还记录了当天的午餐消费（并从预付的餐费中扣除）。而学术档案管理系统则协调了成千上万名在校生和毕业生接受资助、开展课业咨询和进行课程注册的情况，并留存了他们的成绩单。

131

面对科技带来的雪崩之灾，我们很容易变得愤世嫉俗，慨叹孩提时代的生活是多么简单，但又无法忽视数以百万计的人如何在模拟实验室里被训练成得心应手的护士。这也不是我想讨论的重点。我承认科技的伟大力量，也承认学生正在准备步入为科技所支配的职业人生。这些都没错，也都很重要。但据业界估计，全球每年用于教育科技方面的支出接近 2500 亿美元[1]，把钱用于技术，就无法用于教师。如果将作

---

1 EdTechXGlobal, "Global Report Predicts Edtech Spend to Reach \$252bn by 2020".

出这样的抉择，我们需要知道的是：这一切正在进行中。

竞争激烈的行业营销

所有这些技术手段至少有三大用途：使生活更便捷；使学术工作更高效；并从学生择校的角度说，无论是为本科还是研究生院校，都提供了颇见成效的招生工具。

正如我们的经济似乎日益与"眼球""点赞""推荐"和"转发"联系在一起，在现今这样的大环境下，高校的一举一动也多少与招生有关，以获得更多不经意的浏览者，使学生能从一堆眼花缭乱的介绍中挑选出一所特定的学校。州政府财政拨款的减少，加上2010年后高中毕业生人数的锐减，导致许多学校陷入生源争夺大战。由于竞争空前激烈，学校常常设法从对手那里"偷猎"一些生源。

我们正在丰富校园体育项目，已经修建了一个豪华的大型体育馆。……如果学生想要获得真正的大学体验，他们就会考虑我们学校。我们想办法吸

132

引那些可能奔着四年制学院去的学生先来我们这儿读书，对家长来说，学费便宜是一大吸引力。我们对外宣传的是：来社区学院读两年书可以为你省下一大笔钱。

据圣克莱尔县社区学院（St. Clair County Community College）学生服务副校长皮特·莱西（Pete Lacey）介绍说，该校已开设的体育项目（男子、女子项目均有）包括：篮球、棒球、垒球、排球和高尔夫。去年，学校又增加了越野项目，今年秋季学期还将开设保龄球和摔跤两个项目。此外，网球和女足也正在计划中。

莱西说，学院管理者对预算看得很重，也清楚体育项目并没有利润可图，但他们有信心，招生数量的增长将抵消任何开支的增加。

——史密斯与莱德曼，《招生数量减少，转学困难重重》[1]

1　Smith and Lederman，"Enrollment Declines，Transfer Barriers"．

如果高校想要在日趋开放的市场上成功填补招生空缺的话，那么它必须让自己在竞争中脱颖而出。同时，高校还需要适应各种"达标"的压力：学科与机构认证、学分转换、本科学位的商品化运作等。所以，当它们无法在学术上体现区分度时，就需要在其他方面另作文章——通常是容易被相机捕捉的画面、便于参观的校园设施条件，如学生中心、科学实验楼、体育项目以及酷炫的科技装备等。由于工薪阶级和中产阶级院校的本科教育主要成为女生的活动领地，学校开始大力发展体育项目以吸引更多的男生前来就读。[1]就连位于后工业时代的东密歇根州的圣克莱尔县社区学院都建造了规模如此庞大的体育馆，不仅是为了提升在校生的切实体验，也是为了在招生时达到震撼人心的效果。通过建筑物的形式打广告，怎么看都像是一种品牌推广活动，就像把一段名为"圣克莱尔县社区学院"（St. Clair County）的沉闷历史隐藏在"SC₄"这么一个拥有高科技表象的标志背后一样，目的都是为了营销。

1　Marcus，"Many Small Colleges Face Big Enrollment Drops"．

与众不同的生育潮人口

我要谈的最后一股推动文化的大型力量，是来自生育潮的持续影响力，它在所有涉及年龄的，包括从出生到退休全年龄段的社会开支方面造成了重大波动，与相邻代际出生人口比较而言，其庞大的人口基数足以解释大幅波动的成因。表 8 显示了美国出生人口对大学（相关人口）的影响，包括对本科生需求和教师需求两方面的影响。

即使高中毕业生升读大学的比率在那几年中保持稳定，这些人口结构的变化还是会给大学提出很高的要求。自 19 世纪六七十年代以后，从未出现过那么多 18 岁上下的大学适龄人口，加上大学入学率也在一路攀升，这就不难理解为何美国大学在 2000—2010 年这 10 年里，迎来了招生数量猛增、学校大兴土木、新专业如雨后春笋般涌现的局面。在 1995 年之后的近些年里，人口出生情况趋于相对平稳状态。2017 年大学的人口数量将是我们在未来 20 年里都会保持的一个招生水平。基于此，许多学校都在增加硕士课程专业——他们需要完成招生计划，而增加研究生课程专业也是在本科人数持平或下降的趋势下，实现招生目标的方法之一。

表 8 美国历年出生人口以及到达"学院生涯"关键年龄一览

出生年份	出生人口数	5 年内变化幅度	18 岁成为本科新生	30 岁成为新教师	70 岁退休年龄
1945	2735000	——	1963	1975	2015
1950	3554000	+30%	1968	1980	2020
1955	4104000	+15%	1973	1985	2025
1960	4258000	+4%	1978	1990	2030
1965	3760000	−12%	1983	1995	2035
1970	3731000	±0%	1988	2000	2040
1975	3144000	−16%	1993	2005	2045
1980	3612000	+15%	1998	2010	2050
1985	3761000	+4%	2003	2015	2055
1990	4158000	+11%	2008	2020	2060
1995	3900000	−6%	2013	2025	2065
2000	4059000	+4%	2018	2030	2070
2005	4138000	+2%	2023	2035	2075
2010	3999000	−3%	2028	2040	2080
2015	3978000	−1%	2033	2045	2085

资料来源：美国国家卫生统计中心，《美国人口动态统计》。

我们观察婴儿潮时期出生的人口，其数量之惊人，前所未有。20 世纪五六十年代的出生人数创历史纪录，这意味着 1965—1980 年正值他们读大学。20 世纪 80 年代至 90 年代早期，他们到了为人父母的年龄，并在 2000 年前后由他们的子女创下大学入学率的新高。而高等教育系统也同样在 20 世纪八九十年代迎来了就业高峰。

不过，有一件发生在嬉皮士身上的事情非常有趣：20 世纪 60 年代读大学的那批孩子成了 20 世纪 80 年代的高校教师，并在 20 世纪 90 年代和 21 世纪初的 10 年里成了院系的骨干力量。首先，虽然身着破洞牛仔和凉鞋，但他们代表的是一群经济和文化上优越的学生群体，当年高校的录取率仅为 40%，而不是当今的 70%，且大部分是白人男性（尤其在越战相关法律的推动下，男性延迟入学也是可接受的）。更重要的是，高校教师的招聘对象全都来自研究型大学，这些学校早已把工薪阶级排除在外，其结果是大学教师变得更紧俏了。当这一群体在 20 世纪八九十年代接过院系管理权时，他们已成为文化精英，与 80 年代里根政府精明的政治主张以及 90 年代推行的"第三条道路"紧密契合，越来越被他们曾质疑的进步主义和消费主义思潮所诱导。现在年届六旬的他们，迟迟不肯退休（高校教授的平均退休年龄现已超过 72 岁），在他们的养老金变得丰厚之时，却干起了"过河拆桥"的勾当。[1]

即使过去几代人创造积累了大量宝贵的资源，婴儿潮人口的不断索取也已将其全部耗尽，且他们从未设法填补资源上的亏空。美国州际公路和地铁系统、廉价的汽油和电力供应、工会组织、稳定的职业……20世纪上半叶的劳动者为生育潮一代提供的一切，对50岁以下的人来说，却成为稀缺的、失效的或不复存在的福利了。

我们再来对照表8，有一栏反映的是出生人口成为新晋高校教师时的年龄。婴儿潮人口跻身学术生涯的时间集中在20世纪70年代后期至90年代，此时正值高校大力扩张以应对婴儿潮的回响。在这一窗口期，真正意义上的学术工作遍地都是。但他们的学生（1990—2010年期间入学的），至少对于那些上了研究生院的孩子来说，正进入一个无意扩容的就业市场。

几乎在人生的各个场合，我们都会目睹婴儿潮人口使一些企业库存出现临时虚增的现象，激情褪去之后又把它们

<table>
<tr><td>135—136</td></tr>
</table>

1　Earle and Kulow, "The 'Deeply Toxic' Damage Caused by the Abolition of Mandatory Retirement".

抛诸脑后，直到"集体寿命"的下一周期出现。从大麻、可卡因到伟哥，从教育投资到抗税行为，从福特野马、面包车到敞篷跑车，从产科套房到长期居家护理，市场的关注点一再折射出纯粹的群体数量效应。随着婴儿潮人口的事业开始走下坡路，稳定的大学教职工作……稳定的任何工作，都成了被抛弃的对象。

"按需而定"乃大势所趋

几年前，人们谈得非常多的一个理论叫"石油峰值论"（Peak Oil），当时石油产量在到达最高点后开始下跌。这种理论促进了"后石油时代"可再生能源模式的发展，是人们在摒弃化石燃料取之不尽的观念后，作出的一系列创新性探索。这一理论也触发了为求新能源而奋力进行的孤注一掷的尝试。不过面对新的情势，人们的适应方式并不总是明智的。

我认为，我们也过了"大学教师峰值"的时间点了。在消费者思维、市场流动性、职业地位丧失、技术创新以及人口结构变迁的共同作用下，大学教师也不复昔日的辉煌，他们不再是全职形式、终身聘用、在制度或文化上履行承诺的一份职业。诚然，教师这个职业永远都会存在。但是"大学教师"这个概念将和天然能源中的"煤炭"一样一去不复返。由于沉没成本和那些仍留在业内的人的迫切需求，目前的情形还能持续一段时间。但是，属于它的时代已经过去。

　　取而代之的会是什么，这依旧尚待观察。我们正处于大动荡时期，撑不过去的不在少数。

第八章

我们该做些什么？

137

前几章剖析了"按需而定"的问题所在。但是，有诊断书却没有处方和干预手段是不够的。我们从自身出发，作为学生、家长或者教师，分别该做些什么呢？

我先来讲个故事吧。

关于鱼的寓言

1967年6月15日，美国联邦水污染控制管理局五大湖区（The Great Lakes Region of the Federal Water Pollution Control Administration）的一名官员在前去调查密歇根湖污染源的航班上，发现水面上有一条长长的白色带状物。待他乘坐的那架海军水上飞机贴近水面时，他终于看清，那条带状物原来是不计其数的大肚鲱尸体，个个肚皮朝上。已经死去的和濒临死亡的鱼群顺着风向，漂流到密歇根湖流域。于是，这位官员在位于密歇根州的马斯基根（Muskegon）和南黑文（South Haven）之间的湖面上，目睹了一条由大肚鲱尸体组成的漂浮带，它闪闪发光，绵延了足足40英里。6月17日，《芝加哥太阳时报》(The Chicago Sun Times)刊登了一篇文章，提及鱼群死亡事件，以及它们如何污染沙滩、散发恶臭，并成为每年频发的污染问题。然而，就在那个周末，也就是6月17、18日，风向发生了变化，开始从东往西吹。到周一，也就是6月19日那天，芝加哥长达30英里的海岸线，仿佛被裹上了一条由大肚鲱尸体"编织"而成的银毯……1967年的大肚鲱大规模入侵就此上演……

138

——美国联邦水污染控制管理局，1967年[1]

我在密歇根州的马斯基根高地长大。那一年，我才9岁。在这起"夏日鱼群死亡"事件中，估计有200亿条大

---

1 Federal Water Pollution Control Administration，"The Alewife Explosion".

肚鲱搁浅在整个密歇根湖南部流域的海滩上，从密尔沃基一直延伸到马斯基根，到处都是死鱼。我还记得在马凯特神父公园（Pere Marquette Park）的海滩上苍蝇满天飞的景象。那些死鱼被成堆成堆地拖走，丢弃在荒郊野外，尸体堆积如山，在炎炎夏日里，一边闪着光芒，一边分解腐烂。

大肚鲱在返回海洋之前，会溯流而上，来到淡水区产卵。千百年来，它们主要生活在北美地区大西洋沿岸，依次游经波士顿、纽波特（Newport）、圣约翰（St. Johns）、纽约州，再返回深水区。当伊利运河（Erie Canal）连结了哈德逊河，并横穿纽约州北部之后，大肚鲱也顺着运河而下。安大略湖和伊利湖在 20 世纪初期拥有数量相当稳定的大肚鲱。其后，1933 年的休伦湖、1949 年的密歇根湖以及1954 年的苏必利尔湖中的鱼群数量也很稳定。[1]

大肚鲱溯流而来本身并不可怕。湖鳟鱼喜欢吃大肚鲱，而人们又喜欢吃湖鳟鱼。问题在于，人们觉得鳟鱼实在太过美味，捕捉过程又如此充满乐趣，于是自 20 世纪 30 年代开始大规模地进行过度捕捞。装有内燃机的渔船更多了，渔

---

1 United States Department of Agriculture，"Alewife Species Profile".

民可以在各种条件下工作，他们驶到更远的湖面上长时间作业。由于过度捕捞，湖鳟鱼少了，大肚鲱就多了。昭然若揭的罪证明摆着：这是现代渔船的杀戮之罪。

但事实并非如此。毋庸置疑，湖鳟鱼确实是被渔民拿下的。但在那之前，它们的数量早就减少了。由于大肚鲱的数量暴增，挤压了许多其他小型鱼类的生存空间，造成食肉类鳟鱼维生素摄入失衡，从而削弱了它们的繁殖能力。更讽刺的是，大肚鲱本身也以鳟鱼卵和鱼苗为食。由此，鳟鱼的成年率降低，大肚鲱的天敌数量也随之减少。接着，另一种海洋生物的介入造成了致命一击。七鳃鳗（sea lamprey），一种肮脏无比的水生物种，基本属于超大型水蛭，啃噬任何它触手可及的动物（包括那些敢在其生存水域游泳的人类），将其肌肉组织和血液分解成糊状物质。和大肚鲱一样，七鳃鳗也是从大西洋流域进入五大湖区的，它们大部分被误吸入空船的压载舱内，这些船只开往克利夫兰、底特律、密尔沃基、芝加哥等工业港口，以及威斯康星州和明尼苏达州的铁矿产区。船只到达这些地方后，吸入舱内的海水被排放出来（连同这种生物一起排放），随后船舱载满汽车、钢铁和铁燧石运往各地。随着中西部地区工业的蓬勃发展，这种入侵生物也迅速蔓延开来，渔民甚至来不及出手，鳟鱼种群就已遭灭顶之灾。作为商品交易的鳟鱼，在 1944 年能达到 300 万公斤，而到 1951 年，竟几乎一无所获。[1]没有了主要的天敌，大肚鲱就不停地繁殖、繁殖、繁殖。

1967 年搁浅于我家门口沙滩上的大肚鲱群，全都归咎于 140 年前为了把中西部地区的粮食运往东部港口城市而开凿的伊利运河。这一切也归咎于二战时期工业的发展以及战后的繁荣局面，因为每一辆别克轿车、每一台阿利斯·查默斯牌拖拉机（Allis Chalmers）、每一片爱荷华火腿（Iowa）、每一桶舍温·威廉姆斯牌油漆（Sherwin Williams），最后都被装上了远洋货轮。200 亿条大肚鲱搁浅的画面不能说是犯罪现场，这是成百上千万个决定所带来的生态结果。乍看之下，每一个决定都是人畜无害的，但在它们的共同作用下，却引发了令人无从想象的、史无前例的生态失衡现象。

在接下来的数十年里，我们完全可以放任大湖自生自

---

1 Eshenroder and Amatangelo, "Reassessment of the Lake Trout Population Collapse in Lake Michigan during the 1940s".

灭。一旦我们意识到这个问题有多系统性，大可以做个甩手掌柜，推说问题超出了我们自行解决的能力范围。即使情况令人痛惜，我们也可以下定决心不给相关行业添堵，任由它们维持现状。

何其幸运的是，我们得到的真实反馈并非如此。与密歇根湖接壤的美国各州，一致同意引进太平洋奇努克鲑鱼（Pacific Chinook salmon）和银鲑（Coho salmon）来取代湖鳟鱼，成为新的捕食者；对工农业径流加以管控，使小型鱼类赖以为生的藻类和浮游生物数量趋于稳定；用立法禁止无差别贩卖鱼饵，避免鱼群逃脱和繁殖后的生态紊乱；设立船只清洗站和湖区检疫站，减少斑马贻贝和斑驴贻贝（zebra and quagga mussels）的泛滥；通过杀虫剂、物理屏障、陷阱和船舶压载水交换协议等方法，使七鳃鳗的数量大幅回落。学者通过研究更好地了解了五大湖区与成千上万的冰川湖泊、河流、沼泽之间的联系会给五大湖区带来哪些方面的影响。湖区所有的工厂、农民、渔民都改变了作业方式。虽然有些人迫不及待，有些人勉强配合，还有些人总是阳奉阴违，但在种种举措之下，大规模的"种群死亡"事件再未出现。

分崩离析的高教生态

50年过去了，我们目睹百万有余的兼职讲师和博士后奄奄一息地搁浅在学术的沙滩上，他们扎堆地挤进社区学院和普通州立大学，争先恐后地抢占写作课程和大学预备课程的教席；他们被排挤在深深渴望的知识分子生活圈之外，食不果腹地干着高等教育系统中的粗活累活，好让高他们一等的终身制教授不必亲力亲为。

高等教育体系中的"种群死亡"也是无数决定带来的结果，每个决定本身都有理有据，但最后却造成某一种群的生存危机。我们培养的学术新人太多，派上用场的却太少。一方面，高教体系内部充满变数——学生追求不可预知的职业，造成入学人数上的波动；公共财政拨款的减少；本科转学的普及化；课外拓展活动专业人才的增长；对监管和学科标准化要求的增加，这些都成了稳定学术职业的反作用力。另一方面，更宏观层面的文化也在变迁——消费优先于生产；"希望劳力"趋于常规化；贬低所有女性参与的职业；不加反思地过度提倡进步；营销至上及盲目扩张；婴儿潮人口的持久影响力——大学教师因此面临严重的失业问题也就

141

不足为奇了。我们缺乏对"大学到底为何建立、为谁建立"的统一认识，所以它所引发的难题恐怕也变得更为错综复杂，根本理不出头绪。

走到今天这种大学教师群体搁浅的境地，绝非几年"误入歧途"的偶然造成的。无论是推动教师职业工会化的发展，还是新建 1000 所大学以解燃眉之急，或是再发有关"兼职讲师工作条件"的政府声明，甚至开发一款招聘社交软件（不同院系和兼职讲师可以相互查看对方的资料简介，挑选心仪的对象）……不管我们采取什么行动，都不可能轻松过关。因为我们面对的是一场系统性的危机，相当于一起"种群死亡"事件。我们必须系统性地思考该如何应对这场危机。

大声说出梦想，而不只是表达恐惧

从感情上来说，挺让人受伤的，因为未知数实在太多了。我尽量不让自己感到沮丧。我很喜欢我的学生，也很享受我教的课，但我没有助教，3 门课总共得有 100 名学生，不免叫人灰心丧气。我还在附近一所州立大学上课，两所学校相隔大约 40 分钟车程的距离。它们都在削减经费，有可能今年秋季没课可教。做了那么多事，连一份工作也申请不到，这让人心力交瘁。

——玛丽安娜，非终身制教师（教龄 1 年）

在写作课上，我告诉我的学生，你们永远不会知道谁将成为你的读者。你唯一能做的就是，自行决定如何通过你的书、你的文章来展现你眼中的世界，然后想象一下，谁有可能被你说服，并成为实现你们共同理想的盟友。

这也是我在写这本书时一直扪心自问的问题。我到底想呈现一个什么样的世界呢？或者说至少是高等教育视角下的世界呢？谁又能助我一臂之力呢？

我希望每个学生都能有机会成为更好的自己。希望每个学生都能找到真正的兴趣所在，并为之更换专业，以全新的思考方式看待这个比他们所想象得更了不起的世界。我希望各阶段的学生都能有两三个自己喜欢的教师，能轻松地与之共进午餐或一起喝咖啡，在未来几年内都能定期见面，而不只是在一学期每周一两次的课堂上见面。

我希望每一位年轻的博士生都清楚自己为什么想当一名学者，想通过自己的研究展现何种真实的世界。我希望她能去三四所不同类别的学院担任助教，而不仅仅在自己学习的大学中任教，那样她才能了解高等教育及在校学生的全貌，才能知道什么样的教学服务最能打动学生。我希望学者的思考方式（不是对知识内容的掌握，而是保持一种经常性的"打破砂锅问到底"的冲动，去质疑为什么这个问题很重要，去关注谁受益、谁被忽视等问题）能带来多元化的就业机会，而不仅是封闭在学术空间内。

我希望每一位教职员工不管教授什么专业内容，都明白自己的核心任务是"促进关系"。我希望每一位教职员工能为她认识世界的方式去做一名布道者，用咖啡、爱心和新成员关系网迎接那些满心期待又有所犹豫的同行加入。我希望每一位教职员工能为自己的博士生拨通电话，带着年轻的晚辈在全国学术会议期间去喝上一杯，结识其他院校最聪明、最有权势的前辈，并建立联系。

我希望每一位教师都能清楚，自己不仅要适应新的工作文化、新的同事伙伴，还要与学生的家人和朋友重塑现有的关系。因为学生在成长过程中也许会发生意想不到的惊人变化。对那些永远给予包容的家人和朋友来说，尽管他们彼此深爱着对方，但他们成了最熟悉的陌生人。我希望教师能帮助学生理解自己将要承担社会与家庭的双重身份，也希望能和家长一起帮助学生顺利过渡到成年阶段，即使他们不再是昔日的自己，也值得被一如既往的关爱。

143　　　我希望教师招聘委员会能好好地打量一番身边的人，这些与学生打交道的教师和这些"按需而定"的兼职教师，因为他们对待学生工作始终兢兢业业。我希望专职教师、课程主管和院系主任能在他们中间挑选出聪明又善良的人，给他们更多的工作机会，让他们成长为优秀员工，并对他们取得的成绩给予奖励，就像美国其他任何工作场所所做的那样。我希望招聘委员会放弃在全国范围进行招聘，优待本地的最佳人选，因为他们早就在特定环境下证明了自己的能力。

　　理想很美好。我是在痴人说梦吗？

　　我们深深禁锢于如今的处事方式，才会让这些梦想显得如此幼稚而不切实际。我们中的现实主义者不是说"永远做不到啊！"就是说"永远行不通！"然后无所不知的成年人重新回到一成不变的操作模式中去，上演日复一日的悲剧故事。

我们必须认清现实。我们现在所做的一切才是行不通的。对 100 多万兼职教师来说行不通，对 50% 中途辍学的学生而言也行不通，甚至对高等教育体系内稳坐一席之地的人来说也一样行不通，因为他们没日没夜地拼命工作，牺牲了自己和家人的幸福生活。我们不能再装聋作哑，认为改变现状就是冒险——背离成功的运行方式，破坏近乎完美的现状。

我们必须认清现实。我们回不到"往日的美好时光"，如果时光倒流，回到 20 世纪甚至 19 世纪 70 年代，回到柏拉图和雅典学院时代，那该有多好。高等教育并无现代与传统之争。我们不想回到 19 世纪，那时任何"半吊子"的教派或地产大亨，都可以在缺乏指导意义或监督管理的情况下创办一所"学院"。我们不想回到 20 世纪 30 年代，那时精英阶层的后代占去了接受高等教育的大部分名额，平民阶层只有不到 10% 的孩子才有机会升读大学，而大部分美国人连高中都没有毕业。我们不想回到 20 世纪 50 年代，那时许多高等学府奉命实行种族隔离政策，大部分校园组织在其日常生活中也采取种族隔离措施。我们不想回到 20 世纪 70 年代，多数院校中难得出现女性的身影，所以我们才满不在乎地使用"男女混校"（Co-eds）一词。我们不想回到 20 世纪 90 年代，那时小小的彩虹三角图案会悄悄出现在某些教师办公室的大门上，标志着那里是为数不多的安全地带，学生或教师可以公开自己的性别身份。

梦想回到 30 年前、50 年前甚至 100 年前的大学校园，就像梦想驾驶一辆那时候流行的老爷车一样不切实际。如今的大学比以往更富有、更强大、更具包容性、更卓有成效。我们能走到今天，是因为积累了无数英明的决策、无数出于美好意愿的善良之举。我们建立的高等教育模式，为更多美国人提供了社会福祉，也代表着全球科研领域的领先水平。美国的高等教育越来越具有开放包容性，能够接纳拥有不同身份认同（种族、文化、性别、性取向、政治认同），不同身体和智力才能，以及不同经济基础和阶级背景的学生。

在不断变化的高等教育体系内，没有人会作出如此直接、如此残酷的决策——把"按需而定"的教职员工和博士后人员当成消耗品那样利用。也没有人认为，学者大批量的失业是一件好事。"种群死亡"事件之所以发生，是因为我们不够重视。在出现学者大规模搁浅之前，并没有预见到它的可能性。改变这样的生态系统注定是痛苦的，我们需要作出一些不得已的调整，也需要在这个过程中重新审视我们现有的核心价值观。

当下环境的生存指南

我的首要建议是基于红十字会的伤员救治原则而给出的：办法既不完美又杂乱无章，但起码我们正试图在灾难现场挽救一些人的生命。

致未来的本科生及其家长：

> 如果你要读的是社区学院或中产阶级的学校，你得清楚至少在头两年里，你的大部分课都要依赖那些根本不是教师的人来教授。学生咨询与辅导、本科生研究项目办公室每天都会开放，但是那个站在讲台上的人未必每天都出现。明确他们是谁，并充分利用好那些学校花钱雇来和你一起坚定走完大学旅程的

145

人，因为你的教师肯定不是那个奉陪到底的人。

询问每一位教师的身份。他们是兼职、合同制全职还是终身制教师？在每个学期末，积极声援那些你认为最棒的教师，不只是参与在线课程评价这么简单，还要专门写信告诉负责整个科系的院长（系主任）。你还要拿到那些教师的私人电子邮箱地址，因为你接下来可能还会遇到一些问题，而你也相信他们的判断，反正他们已经习惯免费答疑了。

即使要以那些看似必需品的东西为代价，你也要竭尽所能地完成你的学业。全神贯注投入方能改变你的人生。建筑行业有一句老话：你可以把房子造得便宜一些，也可以造得快一些，还可以造得好一些，但你只能同时要求两样。读大学也一样：你可以花钱少一些，也可以省力一些，还可以效果好一些，但这三者无法同时实现。

致未来的研究生：

下载一份美国国家科研委员会发布的博士课程

评估报告，对专业排名不是前 10% 的院校，请务必谨慎申请。很多课程都能为你提供一段美妙的知识旅程，但只有少数课程能在就业市场上为你创造机会。

当你入读某所院校后，请选出 3—4 位最有可能带你的论文导师。查询一下他们正在指导和最近指导过的学生分别是谁，然后和这些学生交谈，了解他们的亲身体验，是受点拨、被忽视还是遭欺凌。请你仔细地听，一字一句地听，因为字里行间，话中有话。你得相信自己的耳朵。

146

致大学及其管理者：

每当有人要你购买最新的或升级过的技术产品时，或有人让你开设一项学术支持项目时，你应该问一问自己：本来可以用这些钱雇多少教职人员？静坐片刻，花几个小时思考一下：这些工具是否比雇用一位新的得力干将更能让学生从中获益呢？

每当兼职教师向你询问他们"转正"的可能性时，请如实相告。请你摸着良心发布招聘广告，千万不要对任何无法兑现的可能性给予可实现的暗示。如果不小心听到一位兼职教师无意间谈及希望长期留任，请你把她叫过来谈话，明确告知她这种事绝无可能发生——不是因为她不够优秀，而是她的职位本来就因"非长聘"而设。

如果你手头有一项重大的科研任务，请你尽可能地考虑雇用更多专业的实验室研究人员，而不是依赖"像韭菜一样割不完""一次性"的博士生。辉瑞和微软都请得起人，你也请得起。

养成这些小习惯能让我们所有人在如今这样的体系里，活得更加通透、更有尊严，还能看到一丝成功的希望。

但是，我们还可以更有作为。让我们试想一下，如果我们足够勇敢，还能做些什么来减轻"按需而定"带来的负担？为何我们的敢作敢为，对卷入其中的人来说，意义重大？

有原则的行动方案

　　每一个身处这些"催化场所"的人都会推着你前进，让你伸手去够那些你以为够不着的地方。他们容许你偶有差池，也会帮助你找到立足点，但是他们不会让你有所保留或隐藏真实的自己……教书育人是一种爱的奉献。师生在课堂上建立起一种督导关系，师长成为学生的徒步伙伴、校队队友、宴席主持人或座上宾。学习是一种协作关系，而不是竞争关系。价值观很重要，所在的群体也同样值得关切。这些高等学府是充满凝聚力的地方，因为整体的意义大于局部相加的结果。

——洛伦·波普[1]

147

　　大约 20 年前，《纽约时报》(*New York Times*) 教育专栏编辑洛伦·波普出版了《改变人生的大学》(*Colleges That Change Lives*) 一书，考察了那些以学生的全面发展

---

1 Pope，*Colleges that Change Lives*，p.4.

为首要任务，而不是以培养他们成为工人、初级专业人员或研究生为己任的高等学府。他列出的 40 所院校（该书共修订了 4 次，对学校名单作过一些增删），为培养年轻人成为伟大人物提供了重要机遇。

作者并未声称该院校名单绝无疏漏，但他有意点了几所学校的名字，并详细解释了为什么它们如此重要。他从 4700 余所学校中，挑选出了这 40 所能够改变人生的院校，还不足总院校数的 1%。剩下的那些院校，该如何称呼好呢？下面这些听起来就不够鼓舞人心。

> 包你成功转学的大学
>
> 教你在一无所获中成为护士的大学
>
> 那些以无穷选择掩饰空洞内核的大学
>
> 保证家族特权世代相传的大学
>
> 让父母内心失望得更彻底的大学

说真的，任何一所大学都应以提供机会为基本使命，向每一个身处其中的人提供改变人生的机会。否则，它就不该自称为大学，应该改叫"职业学院""美国联邦科研实验室""美国职业篮球训练营"或"青年日托中心"。

在此，我提出四项指导原则，它们值得所有高等学府引以为戒。学院从自身出发，可以把这些原则以无数具体的方式进行落实，以符合其特定群体的需求和自身的价值取向。但不管采取什么样的具体方式，这些原则将帮助院校不断朝着自己的目标前进，而不是一再受到内心恐惧、物资匮乏和外部准则的支配。这些原则也会让"按需而定"的职业模式就此消失。

原则一：人际关系决定一切

我们不只是经济单位，不只是学生和教师，不只是在课堂上扮演的角色，不只是知识库或数据流。我们都是活生生的人，都是想超越自己成为那个更了不起的人，也是盼望他人能施以援手的人。我们总有一天会离开人世，但我们终会因照亮他人的人生而被深深铭记——不是因为有能力解读阿伦达蒂·罗伊（Arundhati Roy，印度知名作家）或罗伊·利希滕斯坦（Roy Litchtenstein，美国波普艺术之父）

的作品，而是因为我们有能力帮助学生，让他们把自己和所思所想一起置于更为宏大的背景中，让他们理解为何形形色色、发展健全的人都会作出同样的抉择。

每个人都有特定的知识、热情、能力和关注范围。大学应当具备这样一种先见：我们都是完整的个体，并不存在某一部分是多余的这种说法。我们不应当把特有的某些属性看作是多余的部分，把它们剔除在学科领域或知识储备之外。在大学期间，我们与朋友、最喜欢的教师建立起来的关系，具有持久的影响力和重要性，有关这方面的研究论证颇多，它们指出了一系列全新的途径，有助于我们成为最好的自己，度过内心的漫漫黑夜，并打开超乎想象的新世界之门。能够决定我们未来的正是这些人际关系的建立以及从中培养起来的个性力量，而不是计算壁面结构热量传导的能力。

基于人际关系的大学不会允许把任何成员当作工具来对待，不会允许对教师、学生、场地管理员和足球运动员进行劳动剥削。这样的大学会让我们本着善意去看待所有人，自第一次相遇起，每个人都会得到足够多的尊重、保持足够多的尊严。这样的大学会让每一次的"人生转变"都充满荣光——不光是通过考试或毕业典礼的那一天，也包括一路上

149

经历的人事变动、职位晋升或取得成就的标志性时刻。冲突总是难免的，但每当这时，大学总是会保护最弱势的群体，因为他们面临的风险最大，抵御风暴的资源却最少。[1] 大学总会把最好的师资留给初入象牙塔的学子，把最结实的职场阶梯留给最迷茫的新成员；它会提醒我们有责任对残酷的现实加以干预，使弱者也有机会变得强大。

基于人际关系的大学懂得，每个成员在加入这个群体之前，都生活在自己的交际圈里。每个学生、每位教师都有自己的配偶、父母和朋友。这样的大学会要求我们也同样善待这些人——不要在工作日的晚上、周末和假期发送啰啰嗦嗦的邮件去叨扰他们。这样的大学会要求我们明确告诉学生的家人，孩子正处于人生成长探索的阶段，他们与家人的关系可能会发生改变。但是，谁也不必因此感到受伤，也不必急于否定过去。也许，这样的大学还会在细微之处向学生的家人提供一些共同成长的机会。

1　我从克莱尔·库珀·马库斯（Clare Cooper Marcus）和温迪·萨基辛（Wendy Sarkissian）的合著《住宅问题中的人类行为描述》（*Housing as if People Mattered*）那里借鉴了这个想法。

基于人际关系的大学不会向毫不相干的标准看齐，不会将大学经历进行分割，以便在转学市场上进行交易。这样的大学注重其自身独特的价值，那是由独特的教师群体所创造的、为独特的学生群体所追求的价值。它反映着当地的地理人文特征。位于大都市的学校肯定不同于地处乡间的学校，群山围绕的学校肯定不同于草原边上的学校，因为构成这些院校背景的文化和资源是迥然不同的。那是一种独特性，而不是"通用性"，所有置身其中的人都会以微小但可知的方式为它带来改变。

原则二：教师才是学院的灵魂

150

我们之前提到的妮可，那位有着 10 年工作经验、跨 3 个州同时授课的兼职讲师曾说过："读大学不就是为了上几门教授开的课吗？大部分学费就该花在这儿。"如果我们真的照做，那么情况会如何呢？

全职教师的数量肯定会有所增加，那么学生就能和终于可以信任的"过来人"一直相处，教师也可以见证个别学生成长的全过程，评估其在各个方面的表现优劣。学校肯定也会招聘少量的兼职教师，让他们教授某些专业课程，或是为临时探亲休假的全职教师代课，但绝大部分与学生接触的教学任务将由稳定且长聘的教师完成。

在校专业人员（非学术类）的数量肯定会有所减少，教职员工将全权接手课业辅导、咨询、服务型学习、海外交流项目、本科生研究项目、招生、休闲娱乐、校内体育项目等工作。虽说这些工作都需要专业知识，不是人人都能得心应手地完成，但是拥有博士学位的人可不是等闲之辈啊。用一位教师朋友（之前也做过教务长）的话说："持有博士文凭说明我已证明自己具备快速、有效学习诸多事物的能力。"稍加专注训练，这些聪明人自然能掌握招生咨询或管理校足球队所需的技巧。如果一位教师的工作量从每学期上 4门课减少到 2 门课，外加协调学校海外学习交流项目的工作，那么学生就能更频繁地并且能在更多场合目睹这位教师的风采，也能见识到他在社会学或电子物理学以外的其他兴趣爱好。

我们倘若真的认为教师是学院的灵魂所在，教师就会被委以重任并承担大部分的管理工作。不难想象，校长和教务长的选拔工作将由全体教师参与，并且将从他们中间推出人选，在担任一段时间的管理工作后，他们又将回到可以接触学生的日常教学中去。大多数小城市的政府机构，其运作方式大抵如此——从邻居中选出合适的人选，负责临时的管理工作和开挖道路、提供消防服务的预算工作。只有帝国才需要帝王，谦逊的大学需要的是自治。

若对这条原则的解读能更彻底一些，我们会更加振奋。"全体教员"这个集合名词将真正具备采取集体行动的能力。作为一个整体，教师可以自行为这个整体聘用新成员，而不是等着院系去聘人。说到底，教师才是对整个院校负责任的人，挑选新人对他们而言存在着利害关系，他们要寻找的不光是那些能够完成"命题"教学任务的人，更重要的是那些能增加学院文化内涵与发展深度的人。

也许，教师还能共同决定招收什么样的新生。对他们而言，这并不是一件陌生的事，他们早就以院系为单位，自主招收了博士生。那就让他们过目所有的（本科）入学申请表，与未来的学生及其家人对话交流，把那些有望茁壮成长的学生亲自领进门。也许，还能让他们走得更远一些。

原则三：终生学习，人人有责

有一个非常老套的教育配方：房间里有一个知道的人和一群还不知道的人。这将教师置于一个颇为尴尬的被动处境，因其成了那个唯一没有知识学习任务的人。

差不多在一个世纪前，心理学家列夫·维果茨基（Lev Vygotsky）发明了一个术语"最近发展区"（zone of proximal development），用以标记那些促进学习的问题，而非出现停滞或困惑的问题。它的核心思想是教师或家长给孩子布置一个稍稍高出他们能力范围的任务，并帮助他们找到解决方法。经过一段较短的时间后，孩子就能自行完成任务了，这时我们就能稍稍提高下一个任务的难度了。

在一所名副其实的大学里，每个人大部分时间都处于这样一种"最近发展区"里。这样的大学势必养成了发现问题的习惯，即使处于混沌、未知和无解的状态，大学也应正视它，而非回避它或丢给其他人解决。这样的大学会要求我们去迎接新的挑战，即使我们并不完全有把握胜任，它也会找同事帮助我们一同攻克难关。这样的大学会不断地寻找新的方法，让全体教师用那些他们不认为自己能够胜任的事情

152

"吓唬"自己。它们会录用那些最出色的兼职讲师和博士生，用全新的、更深度参与学院事务的方式来培养他们。

这样的大学会承认学生也有一些教师并不具备的知识，比如，不断变迁的文化、最新的流行音乐、年长同事不甚了解的新的身份认同等。这样的大学会形成一种期待：在大学校园里，人人都是为师者，人人都是学习者。

身为这样的大学里的成员，他们不会总是说"那行不通"，常挂在嘴边的是"我们试试就知道了"。他们不会太在意制度的连贯性，而更关注表现自己的可能性。精力过剩的苦恼将取代错失良机或作茧自缚的懊恼。

原则四：用实力说话

在盲目追求量化的过程中，我们创造了一种近乎神话的理论。我们认为 120 个学分代表着本科学位，B+ 的成绩明显比不上 A–，而一位能被终身聘用的副教授已经充分证明其恒久价值。但是，在经验主义而非神话主义的文化里，劳动者应该就其工作质量而非工作时长得到晋升。妻子从没想过根据丈夫过去 3 个月的育儿表现而给他打出一个 B+ 的分数。倘若读者认为曾经最爱的作家最近写的两本书均质量欠佳，他们就不会再买她的书了。

经验主义而非神话主义的文化，希望看到的是优秀的工作表现。我们会经常讨论优秀的工作表现是什么样的，会就下一步的优先事项进行商谈，会定期反馈每个人最满意或最担心的地方。

153

我们把那些理应保持个性化的事物处理成模式化，把那些应该亲自检验的事项交由他人代劳。我们就是这么做的。比方说，没有哪条法律规定，学生必须在某个院系确定主修专业。相关条例只明确了学生必须享有机会并负有义务，去发展某一具体的、依个人兴趣而定的专业领域，并展现相关理论与实践、知识体系以及知识创造方法方面的优秀才能。[1]如果我们更相信这样一种基本准则，而不是以大学学分和平均绩点（GPA）为准绳，就会要求学生定期展示自己的学习成果，并与他们就下一阶段臻于完善的学术发展进行沟通。如果我们相信大学教师应得到持续的学术发展，就

1　例如：Commission on Institutions of Higher Education，Stanford 4.19，2016。

会要求他们定期展示自己的探索精神，并与他们探讨下一阶段的发展方向。

任何一所名副其实的大学，随处可见源源不断的"自我展示"。那些胸有成竹、不失时机的热情展示，将以高水准的方式呈现。校园里会有作家的读书会和编舞者的专场演出，会有校管弦乐队演奏的正式音乐会，以及由师生队伍中的音乐人在校学生会进行的即兴表演。我们不必等到12月或5月的考试周才来展示自己的能力，因为我们无时无刻不在进行这样的展示。从大学新生、资深教授到餐饮部员工，整个校园处处洋溢着发自内心的热情。

以"自我展示"为中心的大学会围绕卓越开展定期谈话，谈话内容既有宏观的，也有微观的。它会培养一批鉴定家，他们能甄别细微的差异并说明这些差异的重要性。它也会培养一批饱含激情的领导者，他们能以简明通透的方式，将日常管理的细节差异传达给缺乏专业背景的旁观者。

154　四项原则小结

让我们以使命宣言的形式来回顾一下这四条指导原则。

一所具有价值的大学致力于培养和尊重其人际关系网络，这样的大学是一种由全体教师创造和引领的文化，它将所有人置身于不断学习的环境中，并要求定期地、公开地展示学习成果。

　　这四项原则会让"按需而定"的职业状态不复存在。为了更好地说明这一点，我们也可以正话反说，重述各项原则。

　　一所大学应该更加重视内容知识本身而非这些知识的提供者，这样的大学是一家由职业经理人打造和引领的企业，它让所有人扮演拥有固定技能的固定角色，仅凭学科内部成员的评估对知识代理人进行打分。

　　第二条宣言是"按需而定"绝佳的培养皿，尽管谁都不曾言明，却成为我们理所当然地看待今日大学的方式，也是我所走访的几乎每一所院校都心照不宣的使命宣言。
　　我们并不能通过艰苦斗争、组织工会或集体谈判来消除"按需而定"，因为这么做只能为教师讨来更高的薪水，却丝毫没有赢得更多的尊重。我们并不能通过增加联邦和州政府的财政拨款来消除"按需而定"，因为我们已经解释过还有更多比长聘教师更需要花钱的地方。我们也并不能通过认证机构的监管来消除"按需而定"，因为我们领教过这些

155—156

机构支持院校让大部分教师继续"挨饿"的态度。

我们唯有改变定义和价值观念才能消除"按需而定"。我们唯有培养尊重的意识，唯有作出相应的决定，去肯定那些已经讨论过的才华和美德（而不是组织结构图中的岗位角色）才能消除"按需而定"。

进行这样推心置腹的谈话需要十足的勇气，而大部分院校只会选择无动于衷，依然我行我素地站在"恶"的一边。它们缴械投降得未免也太快了，罗列出几百个束手无策的理由供你参考，而最弱势的那些群体（在校师生）仍将付出最惨痛的代价。

放逐此生

1982 年，我妻子取得了纽约市立大学研究生院的环境心理学博士学位，她的毕业论文围绕人们在新泽西的松树荒地一带以哪些方式构建自己的方位意识、家园意识和世族意识而展开。

以当年的技术手段，她手动输入了整篇论文，并送至密歇根州安娜堡市的大学微缩胶卷档案库，那是当时全美硕博毕业论文的文库。通过该机构，她以每份 40 美元—50 美元的价格，购买了 10 多份装订成册的论文副本，除自己留存外，还送给了父母、好友以及论文答辩委员会的诸位成员，人手 1 册。

数月之后，她收到答辩委员会中一位成员的亲笔回信，内容非常简短，全文如下：

亲爱的诺拉，

（希望你能收到这封信。）

谢谢你的来信，还有你寄来的论文。你的恳切之词，让我倍感欣慰。

　　我希望，你依然相信这一切都是值得的。拼命如你（有时候！），却好像找不到路在何方。

　　祝好，

7 月 19 日

　　诺拉先后任教于罗格斯大学、普瑞特艺术学院（Pratt Institute）、纽约室内设计学院（New York School of Interior Design）、服装设计学院（Fashion Institute of Technology）、波士顿建筑学院（Boston Architectural College）、绿山学院以及卡斯尔顿州立学院。她于 1982 年走上讲台，一直工作到 2014 年，从未间断。她签了 30 年的续聘合同（一门课一签），收获了 30 年的优秀课程评价和学生满意度，也在同僚装聋作哑和不理不睬的态度中度过了 30 年的学院生涯。

　　我自己于 1996 年末取得博士学位，我的毕业论文得到高度赞誉，并迅速出版。我接连干了几份工作：先是推销家具；然后是勘测监狱的照明设施以及统计青少年服刑人员的收监时长；再后来，我加入了一个学校改革组织，并为它工作了 2 年，令我百思不得其解的是，我们在这个组织很少谈及学生。44岁那年，我才找到一份博士后助教工作，而大部分终身制的同行，早在我这个岁数之前，就已坐上了长聘席位。在那之后，我又去了一所职校，前后做了2份行政工作，基本上都没有什么学术发展的空间。后来，我自告奋勇地当上了某个教育组织（高等教育领域的诸多衍生产品之一）的领导，身边都是教育界的成功人士，也不知他们用什么方法，找到了我始终求而不得的通关密码。我一边探究他们的成功故事，一边思考自己失败的原因。

不惑之年的我，完全陷入精神崩溃之中。过度伤心使人失去理智，那时的我根本没法与人相处，甚至无法同自己和解。我起码还知道去上班——或许是当时能给自己的最高评价了。在杜克大学教书的4年时光拯救了我，至少白天的确如此。工作时，我每天都留意着日历，心里清楚这身在天堂般的时日终将过去，到时我会再一次被逐出这片乐土。

在本书的创作过程中，我一直试图把重点放在与己无关的事实部分，讲述身边发生的事，寻找客观依据，梳理内在联系。然而，我内心流露的悲伤却难以掩饰：没能在高等教育领域找到自己的安身立命之所；尽一切所能之事却依然敲不开一扇为我开启的门；即使没有得到任何奖励，也会听到——你做得太好了，你的贡献太大了——诸如此类的好评……这些悲伤的情绪折磨了我十年有余。我的身体出现了问题，心理也出现了问题，就连我的第一段婚姻也因此宣告终结。童年产生过的被抛弃、被排斥的恐惧再度向我袭来。1996—1997 年的求职期间，我仿佛坠入了深渊，直到 2013 年完全离开高等教育系统，我才完全从那个深渊里爬了出来。

在过去这一年里，我帮助过 2 所学院完成项目认证工作，举办过一些教师发展活动，现在我又开始写关于"按需而定"的学术劳动力的书。我意识到自己是多么厌恶这一切。我不想成为一个力求公平的人，一个站在平衡且全面的角度看待数十万"临时教师"（也是我的同事）的不幸遭遇，以及其他数十万身在福中却普普通通的终身制教师的职业生涯。

与高等教育的每一次接触，都会使我再次坠入那个深渊。我会满心嫉妒地陷入与他人的比较中，也会陷入常识性的归因逻辑中，当然是因为我不够好，当然是因为我这一路上做错了什么。我更会陷入一种痛苦的挣扎中，以学者、教师和同事自居的我，在面对这些基本的身份认同时，尽量保持理性、分析性、策略性的态度。

最近，我陪妻子做了一次调研访问，帮助她完成一个正在进行中的研究项目。我们来到了坐落于新罕布什尔州汉尼克市（Henniker）的新英格兰学院（New England College）。当我们驱车穿过小巧玲珑的校园，看到一栋栋覆着白色护墙板的校舍时，我心头再次浮现出曾向往过的生活：成为一位和蔼、睿智的长者，引领一代又一代的莘莘学子步入收获颇丰的成长旅程，保护他们不受一切外界事务的干扰。优秀校园所散发出的那种韵味，总是令我心驰神往，哪怕只是短暂地沉浸其中，也会让我意识到，求而不得是一件多么令人沮丧的事。

高等教育"按需而定"的制度问题，不仅仅体现在数字上。这不只是兼职教师收入有多么低的问题，也不只是学生与导师建立长久关系有多么难的问题。这其中还包括产生恐惧、绝望、屈服、耻辱等诸多负面情绪的人为因素，复杂性和隐蔽性兼具，故而总是成为财政资助和政策保护的盲区。

为了写这本书，我付出了很大的代价，怀着无以名状的悲伤。我必须再次保持客观理性，尽量发自内心地去接纳一个不曾接纳过我的群体。

这是关于我们自己的故事：兼职讲师、博士后学者、"另类"从业者……只有当我们承认自己是被驱逐的流亡者时，

160

故事的结局才算完整。我们寻觅过无数条出路，内心却始终牵挂着失去的家园。我们中有许多人，仍会在各奔东西的漫漫长路上，默默悼念那个不复存在的、属于我们自己的群体。

　　……为一所院校量身打造求职信，是一种身体力行、目标明确的投入，可能包括以下准备：研究该机构、院系或所在城市的情况；考虑这种调动对现有人际关系可能造成的影响；接受机构使命和价值观，并考虑这些价值观如何与自身价值观达成统一；通过院系简介或专业网站了解教职人员详情，并将其视为可能一起共事的同行，将他们的工作与自己的工作联系起来；审视并共建未来可能的愿景；以恰当的措辞，描述自己在特定专业、院系、院校或地区范围内的定位，最后把上述信息通过一封2—3页篇幅、单倍行距的求职信表达出来。

　　　　　　　　　　　　　——珍妮弗·萨诺-弗兰基尼[1]

1　Jennifer Sano-Franchini, "It's Like Writing Yourself into a Codependent Relationshp", pp.106—107.

加入某一群体组织的决定从来不是纯理性的。我们发现了一种引人入胜的生活方式，探索更多关于这种生活方式的内容，开始交往一些志同道合的朋友。我们开始使用新的术语，适应新的条款，发现新的乐趣。我们在日历上标记了不同以往的重要时刻，不再是生日或感恩节，而是围绕校历、资助申请截止时间和全国性学术会议日程来做记号。

我们为了适应这种新的文化而成为初来乍到的新人。我们知道成为这个群体的一分子将会面临非常激烈的竞争。我们像参加选美大赛的选手那样，把自己呈现给那些连评判标准都说不清楚的人。我们想着只要穿上合适的演出服，或伴着合适的主题曲，自己或许就能被选中。我们穿行在队列中，保持敏锐的嗅觉，小心翼翼地措辞，紧跟当前的潮流，希望可以取悦那些最有发言权的人。从茫茫人海中脱颖而出、杀出重围，得到参观校园的机会，这已是难得又难料的事。至于被接纳成为其中的一员，我们想都不敢想。

少数人成功上岸，大部分则被淘汰。然而高等教育体系独有的残酷性在于它的第三种可能性——炼狱般"按需而定"的学院生涯，一种既不受欢迎又不被拒绝的状态——成为象牙塔里可有可无的人，做着那些更出色的"同类"所不

161

愿意做的事。

> 对学术自由、工作稳定和全身心投入文人生活
> 的憧憬，加上对收回攻读博士学位所付出的时间成
> 本的渴望，给了年轻学者隔三岔五出卖劳力，同时
> 继续谋求终身制职位的强烈动力。
>
> ——凯文·伯明翰[1]

再一次，理性主义者可能会说，我们应该全身而退，应该坚决反对行业的此般做派。然而，比较讽刺的是，学术工作不纯粹是理性的。它包含一种强烈的渴望，一种身份的认同。我们所热爱的这个集体，并没有回应我们的深情。于是，我们构建了一种非常态的叙事方式，并至少在其中扮演了一定的角色，有了某种身份的归属感。而行业本身也乐意助我们一臂之力，炮制这样一个让我们向它聚拢，并能有所作为的故事，至少在一小段时间内会是这样。

1　Birmingham, "The Great Shame of our Professor".

你可能会做这样的结论：你需要用一种自己并不喜欢、但至少可以让自己部分参与其中的叙述方式来补偿这次遭遇。这可能意味着，你们事后会发生自愿的性行为，好让你觉得第一次性行为也是出于你的本意，尽管你知道并非如此。或者你可能会跟这个男人保持朋友关系，希望自己会发现他其实是珍惜你的，而不只是企图占有你的身体。甚至，你还可能希望从这场性交易中得到些什么，不管那是什么。这一切看似软弱无力，其实是为了取得控制权。

——贾·托伦蒂诺[1]

"按需而定"的职业生涯给人的感觉就好像是和一个施暴者生活在一起，它需要我们精心构筑情感上的防御工事。我们想着，只要把事情做得好一些，最后就能赢得真爱。我们害怕受到惩罚，只能一言不发地离开。我们甚至不敢确定，一旦离开，自己基本的生存会不会都成问题。上一门课

1　Tolentino, Jia, "How Men like Harvey Weinstein Implicate Their Victims in Their Acts".

程只得几千美元固然可怕，但我们清楚自己别无其他现成的途径来出卖自己的劳力。从事这样的工作看似软弱无力，但其实是为了取得控制权，就好像在粗糙不平、滚石不断的山崖边找一个摇摇欲坠的落脚点。

> 我曾经想要改变世界。而现在，我只希望自己
> 能够带着一点尊严离开这个房间。
>
> ——洛特斯·温斯托克[1]

朋友们时不时地问我，是否有兴趣申请即将出缺的校长或教务主任的职位。我由衷感谢他们的热心与乐观，但又发觉他们举荐的正是我唯恐避之不及的工作。我的职业目标素来低调，我只想教书和写作，别无他想。

我的两位挚友最近都荣膺大学校长之位。去年秋天，其中一位朋友到访我的社区，因为他们夫妇二人要把孩子们送到附近一所大学去读书。饭桌上我们聊了很久，话题所涉范围很广。所幸的是，我们鲜有提及高等教育。不过她碰巧

1　约翰·卡梅隆·米切尔（John Cameron Mitchell）的电影《短途巴士》（Shortbus）中也引用过同样的话。

谈到自己的一个发现，她的那所学校为体育系投了很多钱。"砸了那么多钱，我们应该做得好一些才是"，她说。

就凭这不超过 20 秒的寥寥数语，充分说明了为什么我从来就不想当什么校长。我对女子足球也好，男子高尔夫也罢，都感到兴味索然。我从没想过要挑起地产开发的大梁，或与城市的有关部门就消防部门和应急小组必须为学校贡献力量这一问题进行谈判。我从没想过要管理校园警所、健康中心、性侵事件应急小组、法务部门或广告部门。我也从没想过要监管校服务器中心、无线网络系统、校车系统、校外出行政策或保险机构的运行。我投身于高等教育完全是出于一己之私，我就想当个教师和作家，于我而言，这才是重要的事。我不能想象自己从此以后要完全放弃这两件事，把自己陷入经营企业品牌与维护受托人关系的口水战中。

但是，就如任何沉迷于某种事物中的人一样，我不得不随时听候高等教育的召唤。我清楚，加入这样一个令人狂热痴迷的组织意味着什么，我会相信有迹可循的一切，坚持不懈、竭诚效力。我也清楚，在象牙塔外供职 6 年后，接受减薪 50%，横跨整个美国（搬家），只为了以博士后的身份重回学术生活又意味着什么，我将放弃过去的职业生涯，放弃衣食无忧的舒适生活，只为了再度成为象牙塔里的一员，并将为此心存感激。

我的内心深处有一部分是渴望这么做的。这种信仰已深入骨髓，理智只能将其淡化。这种信仰的烙印一直都在，隐隐约约，魂牵梦萦，对梦想的包容使其散发出更神圣的光芒。继那份博士后工作之后，我又做了 7 年的大学管理人员，因为离开我所钟爱的校园环境是我不能接受的，即使它早已把我晾在一旁。可我就是无法拂袖而去。

所有狂热的信仰和所有的施暴者并无二致，它迫使我们疏远自己的亲朋好友，不断要求我们努力付出、壮烈牺牲和无私奉献，但我们离下一个承诺的兑现却还是有一段可望而不可及的距离。当牺牲成为一种常态时，它会带来更多牺牲，而无私奉献本身就是一种自我奖励，谁说画饼充饥不是美味的一餐呢。

文化变迁的多要素追踪

　　我在本书中提出了一个论点：诸多要素已经以一种集体作用的方式发生了改变，使"按需而定"成为高等教育领域的一种常态。这也正是文化的内涵所在：无数的个人选择共同促成了一种生活方式。

　　在附录中，我会就标志着文化变迁的一系列指标进行今昔对比。没有任何一项指标可以单独列出，来充分解释"按需而定"的现象。但是放在一起来看，加上贯穿全书的观点，我认为这些指标可以对我们所处的变化中的生态环境作出有力的解答。你可以将这些数据看作是基本的实验分析小组，它们可能会引导你就特别关注的领域提出更为具体的问题。

表9 潜在师资数量过剩

论点：院校开设的终身职位持续减少，潜在师资的过量供应使竞争更加激烈。

过去（1976年）：32511人	新增博士学历人数①	现在（2016年）：54904人
过去（1976年）：317477人	新增硕士学历人数②	现在（2012年）：754229人
过去（1999年）：240个	开设博士点的院校数量③	现在（2016年）：328个
过去（2005年）：1193个	人文学科终身制职位数量④	现在（2016年）：552个
过去（1976年）：68.6%	全职教职工的比例⑤	现在（2016年）：49.3%

资料来源：

① National Center for Science and Engineering Statistics，National Science Foundation，"Survey of Earned Doctorates"．

②③⑤ National Center for Education Statistics，US Department of Education．

④ Modern Language Association，*Report on the MLA Job Information List*，*2015—2016*，我们应在更多学科领域付出更多类似的努力。

表10 高校经费来源变化

论点：过去由学费、州政府拨款和各界捐赠组成的稳定经费来源已发生变化，而今的大学不得不应对收入的不确定性。科学基金和财政投资作为商业性质（而非教育性质）的组成部分正在加强，并吸引了更多公共机构的关注和资源。
注：所有数据都根据通货膨胀进行了调整。

过去（1988年）：3190美元	四年制州立大学（州内生）平均学费①	现在（2018年）：9970美元
以1986年作为起算点	全职员工人均地方财政资助②	现在（2016年）：下降17.2%

过去（1976 年）：67 亿美元	联邦财政资助项目经费③	现在（2015 年）：236 亿美元
过去（1993 年）：1440 亿美元	社会捐赠资产总市值④	现在（2014 年）：5350 亿美元

资料来源：

①② College Board, "Trends in College Pricing".

③ American Association for the Advancement of Science, "Historical Trends in Federal R&D".

④ National Center for Education Statistics, US Department of Education. Hsiu-Ling Lee, "The Growth and Stratification of College Endowments in the United States", *International Journal of Educational Advancement 8*, No.3—4（September 2008）: 136—151.

表 11　本科生源结构变化

论点：在生源人口越来越多元化的同时，大学也越来越了解他们生活经历和需求方面的差异性，更多非教职类的专业人员为他们提供了更加丰富的学生服务。（也有可能是立法者无法为更多元化的学生群体提供如此便利的支持。）

过去（1976 年）：女生占 47.3%	女生人数上升①	现在（2015 年）：女生占 56.3%
过去（1976 年）：有色人种学生占 15.7%	白人学生数量下降	现在（2015 年）：有色人种学生占 42.4%
过去（1980 年）：25 岁以上的学生占 38%	"非传统"学生数量增加	现在（2015 年）：25 岁以上的学生占 41%
过去（1990 年）：30%	有学习障碍的高中生升读大学比率升高②	现在（2005 年）：48%

资料来源：

① 前三行数据来自 National Center for Education Statistics, US Department of Education。

② Cortelia and Horowitz, *The State of Learning Disabilities*, 3rd edition（2014）.

表 12　招生数量呈波动状态

论点：由于招生人数起伏不定，聘用临时教师便于灵活调整师资储备，以应对学生数量的不确定性。社区学院受招生数量大幅下降的影响最大，对临时教师的依赖也最大。

过去（1980 年）：41%	非全日制学生（占比）	现在（2015 年）：39%
波峰（2010 年）：18082427 人	过去 10 年本科招生人数峰谷值	波谷（2015 年）：17036778 人
波峰（2010 年）：7683597 人	过去 10 年两年制高校招生人数峰谷值	波谷（2016 年）：6090245 人

资料来源：National Center for Education Statistics，US Department of Education。

表 13　学生流动性

论点：学生更倾向于选择位于任何地方的任何学校，带着学分转学也变得更普遍。基础课程商品化倾向更明显——概念和内容的相对同质性，使得资质欠佳的教师也能以廉价的方式出品。为猎取对手的本地学生和防止自己生源流失，各校只好在招生方面追加投入。

过去（1972 年）：21%	转学生（比率）[1]	现在（2008 年）：37%
过去（2004 年）：25%	州外学生（比率）（100 所公立大学抽样结果）[2]	现在（2014 年）：33%

资料来源：
[1] 当前数据来自 National Student Clearinghouse，历史数据来自 National Center for Education Statistics，"Transfer Students in Institutions of Higher Education"（1980）。
[2] Nick Anderson and Kennedy Elliott，"At 'State U.,' A Surge of Students from Out of State"，*Washington Post*，January 26，2016，http：//www.washingtonpost.com/graphics/local/declining-in-state-students/.

表 14　本科专业设置的变化

论点：更多学位转向以职业培训为目标，大学教师的流动性随之增加，以应对不断变化的技术和经济情况。传统博雅教育学科的增速，赶不上高等教育整体扩容的速度，更多以职业技能为导向的学科，其增幅远超平均值。专业设置的激增需要大量技术支持，非师资方面的学生人均支出也相应增加。

过去（1976 年）：925746 人	每年授予的大学本科学位总数	现在（2016 年）：1920718 人（增长 107%）
41452 人	英语语言和文学专业	42795 人（增长 3%）
126396 人	社会科学和历史学专业	161230 人（增长 28%）
15984 人	数学和统计学专业	22777 人（增长 42%）
19236 人	化学、地质学和物理学专业	27977 人（增长 45%）
29630 人	工程学专业	70104 人（增长 137%）
53885 人	医疗卫生专业	288896 人（增长 436%）
5652 人	计算机科学专业	64405 人（增长 1040%）

资料来源：National Center for Education Statistics，US Department of Education。

表 15　专业类岗位、非教职岗位、非管理岗位的增加

论点：高教系统新设的非教职类专业岗位数量增长较快；而教职人员及非专业类人员多为外包性质的岗位。全职教师岗位的比率仍保持在 21%，但其中包含了越来越多的非终身制全职教师，这类岗位较以往更为普遍。非专业类服务岗位的数量大幅下降，主要原因是高校在维护、保洁、餐饮及安保等方面的服务需求大多由外部供应商提供。

过去（1991 年）：2545235 人	高等教育在岗人员总数	现在（2016 年）：3928596 人
535623 人（增长 21%）	全职教师岗位	815760 人（增长 21%）

290629 人（增长 11%）	兼职教师岗位	732972 人（增长 19%）
144755 人（增长 6%）	行政管理岗位	259267 人（增长 7%）
197751 人（增长 8%）	研究生助理岗位（助教、助研）	376043 人（增长 10%）
426702 人（增长 17%）	非教职专业类岗位	986621 人（增长 25%）
949775 人（增长 37%）	其他非专业类岗位	755917 人（增长 19%）

资料来源：National Center for Education Statistics，US Department of Education。

表 16　不断增加的管理职务津贴

论点：大学日渐复杂化，创收方式日趋多元化，用于高层管理人员的开销相应增加。

过去（2008 年）：9 人	津贴达到或超过 100 万美元的私立大学校长人数	现在（2015 年）：58 人
过去（2010 年）：1 人	津贴达到或超过 100 万美元的公立大学校长人数	现在（2016 年）：8 人

资料来源：参见 Bauman，Davis and O'Leary，"Executive Compensation at Private and Public Colleges"。

表 17　从生产者过渡到消费者的利益

论点：我们变成了更精明刁钻的消费者，理直气壮地忽视了产品与服务是在什么条件下生产和提供的。

过去（2000 年）：22%	美国网购人数[1]	现在（2016 年）：79%
过去（2006 年）：100000	Yelp 平台累计评论数[2]	现在（2018 年）：155000000

过去（1983 年）：20.1%	工薪阶层所占工会人数比率[3]	现在（2017 年）：10.7%

资料来源：

① Smith and Anderson, "Online Shopping and E-Commerce".

② 2006 年数据来自 Hillary Dixler Canavan, "Yelp Turns 10", *Eater*, August 5, 2014; 2018 年的数据来自 Yelp factsheets, March 1, 2018。

③ Bureau of Labor Statistics, US Department of Labor.

表 18 "希望劳动"

论点：在竞争激烈的劳动力市场，个体以低于市场价格的方式工作，常不计任何报酬，以"早日涉足行业"的策略寄望于职业发展的下一阶段得到回报。

过去（2006 年）：20000	每日上传到 YouTube 的视频数[1]	现在（2013 年）：1000000
过去（2010 年）：152978	每年自费出版的 ISBN 数[2]	现在（2015 年）：727125

资料来源：

① Golnari, Li, and Zhang, "What Drives the Growth of YouTube?", Proceedings of the Sixth ASE International Conference on Social Computing, 2014.

② Bowker/ProQuest, "Self-Publishing in the United States, 2010—2015".

表 19 零工经济

论点：欧美现有 1.5 亿人从事"零工经济"领域的工作。温饱水平的行业薪酬尚未普及，但灵活就业正快速取代全职雇佣，成为经济结构的常态化组成部分。

零工经济平台成立时间		零工平均月薪
优步（Uber）：2009 年来福车（Lyft）：2012 年	出租司机	优步（Uber）：365 美元来福车（Lyft）：377 美元

爱彼迎（Airbnb）：2008 年 溜达网（Getaround）： 2009 年	房产经理人 房屋租赁中介	爱彼迎（Airbnb）：924 美元 溜达网（Getaround）：98 美元
开门吧（Doordash）： 2009 年 邮伴儿（Postmates）： 2011 年	货品承运人	开门吧（Doordash）： 229 美元 邮伴儿（Postmates）： 174 美元
跑腿兔（TaskRabbit）： 2008 年 易淘网（Etsy）：2005 年	手艺人 交易商	跑腿兔（TaskRabbit）：380 美元 易淘网（Etsy）：151 美元

资料来源：Erika Fry and Nicolas Rapp，"This is the Average Pay at Lyft，Uber，Airbnb，and More"，*Fortune*，June 27，2017；请注意，这些都是为了申请小型企业财政补贴而经过美化的数据；几乎可以肯定的是，整个零工群体的实际收入会更少。

表 20　高等教育行业女性在职情况

论点：任何行业一旦向女性开放，薪资水平则随之下降，工作条件更趋恶劣，行业独立性也会减少。

过去（1987 年）： 33.2%	大学女性教职人员所占比率 （不区分全职或兼职）①	现在（2016 年）： 49.3%
过去（1981 年）： 教授　90% 副教授　95% 助理教授　95% 高级讲师　96% 讲师　88% 无职称　90%	不同职称的男女教师薪资差异（女教师薪资占男教师薪资的比率）②	现在（2016 年）： 教授　85% 副教授　93% 助理教授　92% 高级讲师　96% 讲师　91% 无职称　93%

| 过去（1986 年）：35.4% | 授予研究型博士学位的女性比率[3] | 现在（2016 年）：46.0% |
| 过去（1981 年）：50% | 授予硕士学位的女性比率[4] | 现在（2016 年）：59% |

资料来源：

①②④ 美国教育部国家教育统计中心（National Center for Education Statistics, US Department of Education）。

③ Survey of Earned Doctorates, National Science Foundation.

表 21　教育技术

论点：各种数字技术已成为社会生活和制度体系不可或缺的部分，而大学也已作出响应，使这些技术几乎遍布全球各地。为满足科研实力和学生职业培训的需求，高等教育受技术经费支出的影响尤甚。

过去（2010 年）：815 美元	全美院校"中央信息技术"人均支出中位数（适用全日制等同学生和学校员工）[1]；其中，"中央信息技术"不含那些具体院系运用于实验室或教室的技术	现在（2015 年）：917 美元
过去（2010 年）：6260 万人	无线网络需求增加量；美国智能手机用户数量	现在（2017 年）：2.243 亿人
过去（2002 年）：66 所	模拟实验室使用人体高仿真仪器设备的护理院校数量[2]	现在（2010 年）：917 所

资料来源：

① 2015 EDUCAUSE Core Data Service Benchmarking Report.

② Zak Jason, "A Brief History of Nursing Simulation", Connell School of Nursing, Boston College, May 25, 2015, http://www.bc.edu/bc-web/schools/cson/cson-news/Abriefhistoryof nursingsimulation.html.

表 22 婴儿潮的影响

论点：婴儿潮时期（1946—1964 年）出生人口激增，可谓空前绝后。从孩提时代到大学时代，从为人父母到退休养老 —— 他们在人生的各个节点上，对各种公共服务都提出了特殊要求。由于人数激增形成的失衡比例，他们的需求较其他年龄组的人群而言，常被置于优先考虑的地位。

过去（1964 年）：1.92 亿人	美国人口总数	现在（2017 年）：3.25 亿人
过去（1964 年）：67	少儿抚养比（每 100 位年龄在 18—64 岁的成年人对应的 18 岁以下的人口）	现在（2011 年）：37
过去（1964 年）：18	老年抚养比（每 100 位年龄在 18—64 岁的成年人对应的 65 岁以上的人口）	现在（2015 年）：25

资料来源：US Census。

学术职业匹配度测评方案

　　1983 年，保罗·福塞尔出版了一部风趣诙谐的轰动之作，书名也再简单不过——《格调》(*Class*)。他在书中设计了一套"客厅评分表"。读者以 100 分为起评点，对客厅里所见到的各种物品进行加减分，最终确定各自家庭是属于工薪无产阶级，还是上流资产阶级。咖啡桌上的杂志有可能是加分因素——如果是《巴黎竞赛画报》(*Paris Match*)、《纽约书评》(*The New York Review of Books*)；也可能是减分因素——如果是《大众机械》(*Popular Mechanics*)、《田野与溪流》(*Field and Stream*)之类的读物。墙上的画也可以是加分项，如果是当代艺术家的真迹或复制品的话；

若换成任何家庭成员的画作，那就只能减分了。

秉承这一理念，我也试图为研究生读者和焦虑的家长就即将启程的学术生涯提供一套行之有效的衡量标准。或许更重要的是，如果你刚刚踏上研究生阶段的学习之旅，你可以用这套校准系统指引前行方向。你目前或许只有 80 分，但或许 3 年后能升到 250 分……那么现在就来看看这套评分系统吧。

从 100 分开始起算，回答下列问题，根据你的答案来增加或减去相应的分值。然后根据文末的量表，参考总结最适合你的学术发展之路。

注：下列所指的学科是常规意义上的、具备院系规格的学术内容部分。比如说，心理学是一门学科，行为心理学、环境心理学及发展心理学则是二级学科。英语是一门学科，写作或修辞、文学及创意写作属于二级学科范畴。

1. 我的身份是 _____ 。

- 男性 +26
- 女性，没有孩子，同性恋者 +4
- 女性，没有孩子，异性恋者，单身 +2

- 女性，没有孩子，异性恋者，有伴侣　　　　　　　−8

- 女性，有孩子　　　　　　　　　　　　　　　　−10

- 非二元性别者（nonbinary）/ 其他情况　　　　　　0

对高等教育领域的求职者来说，较之女性身份更不利的因素是孩子抚养的主要责任人这一身份，即使求职时这仍是一种假设情况。男性得分最多，因为在这方面他们永远不会占主导地位，而女同性恋者也能得到一些分数，因为预设的情形（通常是错误的）是她们不会生育。其他各种情况都属于风险因素。

2. 我就读的研究生专业院校排名情况属于 ＿＿＿＿＿＿＿ 。

- 该学科领域全球排名前 20 位　　　　　　　　　+18

- 上述排名前 20 位之外　　　　　　　　　　　−12

- 上述排名前 50 位之外　　　　　　　　　　　−26

- 我不清楚专业排名情况　　　　　　　　　　　−36

能成功上岸的人全都毕业于顶尖学府，无一例外。如果你不清楚自己院校的专业排名，那说明你在其他方面的准备也不尽如人意。

3. _____（多少）美国大学以我报读的这门学科设置了本科专业。

- 至少 2000 所　　　　　　　　　　　　　　　+2
- 1000—2000 所　　　　　　　　　　　　　　+12
- 500—1000 所　　　　　　　　　　　　　　　–6
- 不足 500 所　　　　　　　　　　　　　　　–16
- 全美只有数十所甚至更少大学开设了这个专业　–30

最佳区间是 1000—2000 所。如果这门学科（比如英语或数学）在任何大学都开设了相应的专业，其结果是：所有本科阶段的课程学分都将成为可交换的商品；永远有人（不管资质水平差到什么程度）可以教授这类入门课程——这两个因素都会给招聘需求带来下行压力。

4. 我取得博士学位时的年龄将是 _____。

- 不到 30 岁　　　　　　　　　　　　　　　+8
- 30—32 岁　　　　　　　　　　　　　　　　+4
- 32—34 岁之间　　　　　　　　　　　　　　 0
- 34—37 岁之间　　　　　　　　　　　　　　–6

- · 37—40 岁之间　　　　　　　　　　　　　　　　　−10

- · 超过 40 岁　　　　　　　　　　　　　　　　　　−14

如果 30 岁不到就获得博士学位，说明你高中到大学再到研究生的求学之路非常顺畅，也意味着这一路你拥有各种人生优势。如果路线走得有点曲折，这会让一些雇主望而却步。评审委员会虽然不能直接询问其中缘由，但他们可以大胆猜测，而且多半朝着不容乐观的方向猜测。

5. 我在 _____ 场合做过学术研究报告（累计所有符合的选项）。

- · 学科领域重要的全国会议　　　　　　　　　　　　+10

- · 不止一次　　　　　　　　　　　　　　　　　　+16

- · 较小规模的全国会议　　　　　　　　　　　　　　−2

- · 区域范围内的学科会议　　　　　　　　　　　　　　0

- · 某跨学科会议　　　　　　　　　　　　　　　　　−8

现身重要的会议场合，不仅学术意义重大，而且在社交层面也大有裨益——更多人会知道你的尊姓大名。但是，若活跃在学术核心领域之外，你的忠诚度值得怀疑。

6. 我的论文导师属于（知名度）_____ 。

　　·学科领域世界著名　　　　　　　　　　　+24

　　·学科领域全美知名　　　　　　　　　　　+14

　　·学科分支领域有名　　　　　　　　　　　　−2

　　·学科领域不算出名　　　　　　　　　　　−16

导师知名度越高，你的拓展空间越大。

7. 我的论文导师属于（活跃度）_____ 。

　　·全国学术组织核心圈的长期成员　　　　　+16

　　·全国会议上众人包围的对象（朋友、同事）+14

　　·全国会议上能有一些知交故友　　　　　　+6

　　·"壁花"式的与会者（退居一旁，很少与人攀谈）−12

　　·"人人唯恐避之不及"的与会者　　　　　−22

　　·会议"绝缘体"（不参加会议）　　　　　−18

身为你的导师，外界的信任与欣赏越多，其价值也就越大。

8. 我的论文导师属于（支持度）_____ 。

　　·明确支持我和我的研究　　　　　　　　　　+14

　　·不太关心我或不太投入精力　　　　　　　　−8

　　·不喜欢我或认为我的研究不重要　　　　　　−16

上述两题提到的潜在能量必须转换成实际动能。导师触动你
灵感的火花了吗？

9. 我父母（曾经）从事 _____ 工作。

　　·资源产业（农业、渔业、建材业、矿业等）　　−18

　　·工业（制造、航运、仓储、机械）　　　　　　−14

　　·服务业（理发师、餐厅服务员、前台接待员、幼儿园及
　　　中小学教育工作者等）　　　　　　　　　　　−14

　　·专业领域（医疗、法律、设计、出版等）　　　+8

　　·金融经管领域（投资、经纪、企业高管等）　　+6

　　·大学教师或高校行政管理　　　　　　　　　　+24

通晓职场语言，尤其是高等教育领域的行话是必须的。如果你
的第二语言出自白领生活，那么你得苦练很久。参考一下我写

的《博士字典》(*The PhDictionary*) 一书，作为入门阅读吧。

10. 我父母（在）＿＿＿＿＿＿＿＿ 受过教育（如双亲家
庭，你的分数是父母的均值）。

- 跟祖父母 / 外祖父母上的是同所大学　　　　　+18
- 一方 / 双方跟我上的是同所大学　　　　　　　+14
- 一所录取率较低、没有家族成员就读过的大学　　+8
- 一所录取率较高的大学　　　　　　　　　　　－4
- 社区学院或职业学校　　　　　　　　　　　　－12
- 高中　　　　　　　　　　　　　　　　　　　－24

这一项与第 9 题相关，不过，此处衡量的是特定群体的社
会阶层依附关系，适用"教育成员"一词，而不是我们通常
认为的"获得教育程度"。这里强调的是你身为"可被接纳
的成员"这一世代相传的特征。

11. 我在 ＿＿＿＿＿＿＿＿（何地）接受本科教育。

- 美国其他州（非家乡所在州）　　　　　　　　+12
- 本州私立大学，住校　　　　　　　　　　　　+8

- 本州公立大学，住校　　　　　　　　　　　　　－12

- 本州，走读　　　　　　　　　　　　　　　　－26

这与社会阶层相关，不过更多的是考察你和你的家庭是否愿意探索各种教育途径，以及你是否拥有足够的财力去学以致用。

12. 我在 ＿＿＿＿＿＿＿＿（何时）就读研究生院。

- 本科毕业后直接　　　　　　　　　　　　　　＋6

- 相关岗位工作 1—2 年后　　　　　　　　　　＋2

- 非相关岗位工作 1—2 年后　　　　　　　　　－10

- 工作超过 2 年后（岗位不限）　　　　　　　－14

这与第 4 题相关（获得博士学位的年龄），但更关注学术忠诚度而非年龄优势。在商业世界随波逐流，反映出唯利是图的一面，而不是恪守戒律的定力。

13. 研究生在读期间，我的经历包括 ＿＿＿＿＿＿＿＿（累计所有符合的选项）。

- 参与外部资助的研究项目 +8

- 参与无资助或内部资助的研究项目 0

- 作为作者或共同作者在同行评审的核心期刊
  发表论文 +8/篇

- 作为作者或共同作者在同行评审的非核心期刊
  发表论文 +4/篇

- 撰写或协助撰写研究资助计划书，成功获得：

  □不超过 30000 美元 +4/次

  □ 30000 美元—100000 美元 +10/次

  □超过 100000 美元 +22/次

- 有学术出版商对我的论文表示感兴趣 +8

展现个人能力的时候到了。你是否在学生时代就已显露了多产学者的潜质？为了将来谋职时，拿出一份前辈见了不得不为你开设终身教职的履历，趁早努力吧。

14. 完成博士论文后，我会在 ＿＿＿＿＿＿＿＿（地域）范围内找工作。

   - 无地域限制 0

・有限制，排名前 10 的大城市 50 英里范围内　　　　−10

・有限制，上述地方超过 50 英里的范围也能接受　　−44

这还需要解释吗？在全美范围内找工作是常识啊！如果你不能或不愿挪窝，那就等于放弃了绝大多数工作机会。

15. 我父母 ＿＿＿＿＿＿＿＿＿＿ 。

　　・遗传了一口整齐的牙齿给我　　　　　　　　　　0

　　・在我年幼时带我去矫正牙齿　　　　　　　　　　+4

　　・想带我去矫正牙齿，但没有经济能力　　　　　−8

　　・从不认为矫正牙齿能改变个人命运　　　　　　−16

同第 11 题，这也反映了一个家庭的能力和眼界。

16. 美国男性平均身高约 5 英尺 10 英寸（177—178 cm）；女性平均身高约 5 英尺 4 英寸（162—163 cm）。我的身高是 ＿＿＿＿＿＿＿＿＿＿ 。

　　・标准身高 ±2 英寸（约 5 cm）　　　　　　　　0

　　・高出平均身高 2—4 英寸（约 5—10 cm）　　　+4

· 低于平均身高 2—4 英寸（约 5—10 cm）　　　　　　　 –8

· 高出平均身高 4 英寸（约 10 cm）以上　　　　　　　 +2

· 低于平均身高 4 英寸（约 10 cm）以上　　　　　　 –12

相当多的研究表明身高与收入呈正相关。如果不想鹤立鸡群，那么最好也别相形见绌。

17. 代表理想体重的 BMI 数值应在 20 左右。我的 BMI 数
　　值为 ＿＿＿＿＿＿＿＿ 。

· 低于 15　　　　　　　　　　　　女性 0，男性 –8

· 15—20 之间　　　　　　　　　　女性 +4，男性 –2

· 20—25 之间　　　　　　　　　　女性 –2，男性 +6

· 25—30 之间　　　　　　　　　 女性 –12，男性 –4

· 高于（或等于）30　　　　　　　　　　都是 –18

这是普遍的文化现象。男性应该"结实"，女性应该"苗条"。"肥胖羞辱"是我们唯一还在坚持的文化偏见——所谓"带着负罪感的享受"。

18. 我身上 _____ 有纹身。

- 没有任何部位   0

- 同事绝对看不到的部位（点到为止，谢谢）   0

- 工作场合偶尔看得到（请选择）

  □ 单词 / 心形 / 船锚 / 骷髅头等   −8

  □ 部族标志 / 几何图案 / 讽刺内涵图   +4

- 任何社交场合都能看得到   −22

招聘委员会少不了年龄稍长的评委，他们总是自认为带着一丝嬉皮风格，因而含蓄又不失美感的刺青还是讨巧的。但如果是蓝领阶级的画风或画在非常醒目的部位，那就是灾难了。民间有一句至理名言：永远不要在法官看得见的地方纹身。

19. 我发言时，_____ 。

- 完全没有口音（谁也猜不到我是哪里人）   0

- 偶尔带有地方口音   +6

- 地方口音非常明显   −18

- 英国口音非常明显   +12

不管是南卡罗来纳口音，还是爱尔兰南部口音，加拿大苏格兰裔口音，或是孟加拉裔口音，如果只是时不时切换几个元音的发音，那就比较讨人喜欢了。但如果我们需要一直听某种口音，那你就不会被任何社群或组织接纳。不妨来测试一下：录制你的讲话，回放给陌生人听，请他们判断你的口音。如果大家回答高度一致，这就有点麻烦了。不过有一个例外：我们认为英伦口音会使说话的人显得比较聪明。

20. 我的最终学位（将）是 ＿＿＿＿＿＿＿＿＿＿ 。

- 哲学博士学位 0
- 教育学博士学位 –8
- 专业博士学位 –14
- 终端硕士学位（艺术硕士、工商管理硕士、社会
  工作硕士等） –22
- 学术硕士学位（文学硕士、理学硕士） –36

如果没有最高学历，那么在人才济济的就业市场里，你很难脱颖而出。说得更现实一点，向没有博士学位的申请人开放的职位少之又少。

评分：你的起评分是 100 分，总评分最高可能超过 350 分，这取决于你在第 13 项能列出多少出版物和资助项目，最低可能是 –318 分。表 23 将说明你的最终分数如何决定你的职业发展轨迹。

回想一下自己当年取得博士学位时，即使起评分也是 100 分，我的总分大概是 –14 分。这足够说明问题了。

表 23　学术职业前景预测

总　分	求职目标定位		
	一流研究型大学 （精英专属）	顶尖文理学院 （富人最爱）	大众化院校 （蓝领首选）
275 以上	具有竞争力	备受欢迎	令人望而却步
225—274	非理想人选	具有竞争力	备受欢迎
150—224	白日做梦	非理想人选	具有竞争力
75—149	如条件尚可，有机会兼职	白日做梦	无法出类拔萃，听天由命吧
0—75	兼职基本无望	最佳人设：兼职阵营里的中坚力量	
0—–50	无视你的存在	兼职难度大	偶尔有机会在社区学院授课
–51 以下	校方安保人员已在布告栏张贴了你的照片 —— 禁止此人参与本校活动	衷心希望你会考虑把孩子送来读书，是时候为他们的学术生涯做规划了，毕竟你自己是百分之两百指望不上了	

致　谢

这部作品得以问世，实乃众人的功劳。

最初的设想是我的编辑——芝加哥大学出版社的伊丽莎白·布兰奇·戴森（Elizabeth Branch Dyson）提出的，她是一位智慧与幽默并存的女士，对我关怀备至，一路指引着我写作本书，以及此前出版的《博士字典》。《博士字典》一书的创作，进行得非常顺利，就像一份来自天使的礼物。相比之下，本书的创作过程则艰难了许多。我和伊丽莎白经过 4 次反复推敲，竭力打磨和完善这部作品。出版社的制作团队也给予了大力支持，在编辑人员、设计师和营销团队的通力合作下，本书方能呈现给大家。

20 年来，我与高等教育领域的朋友结交，获得了明暗交织的写作素材。这些"酒馆故事"（tavern stories）让我了解到圈内人的游戏规则。我想感谢的人实在太多了，在此略提几位，感谢他们让我变得聪慧起来：比尔·坎贝尔（Bill Campbell）、安德烈亚·查普德莱恩（Andrea Chapdelaine）、西蒙·库克（Simon Cook）、伊恩·克劳福德（Iain Crawford）、安迪·哈里斯（Andy Harris）、南希·亨塞尔（Nancy Hensel）、范·希尔拉德（Van Hillard）、珍妮·梅科利希克（Jeanne Mekolichick）、贝丝·保罗（Beth Paul）、戴安娜·拉米雷斯-贾索（Diana Ramirez-Jasso）、朱利奥·里维拉（Julio Rivera）、凯瑟琳·科恩·鲁德（Kathleen Cown Rood）、吉姆·瑞安（Jim Ryan）、珍妮·沙纳汉（Jenny Shanahan）、埃德·图米（Ed Toomey）。我相信他们所讲的故事和我所写的版本不尽相同，但我希望，至少从本书的字里行间，他们会发现一些自己所思所想的痕迹。

186 　　通过数十次的访谈与对话，本书的内容具备了一定的针对性。我不会提及受访者的姓名，因为他们仍然参与高等教育领域的各项日常活动，不能被视为"叛徒"。有些人是院校的管理者，所以不能失去与他人周旋的筹码——善意。更多人是兼职讲师和博士后人员，所以不能得罪那些决定他们去留的人。我只能说，一直号称崇尚学术自由的我们，在面对有意义的自我批判时，竟是如此怯懦，也很少给同伴在"演讲角"畅所欲言而免遭报复的机会。

在明德学院作家会议上，我有幸遇到了慷慨且周到的议题组长彼得·霍·戴维斯（Peter Ho Davis），这次会面使我的作品获得新生。我原本为创作小说而来，不过有关故事叙述方面的诸多收获适用面广泛，对这本书的完善亦有帮助。

这部作品也因为我妻子诺拉·鲁宾斯坦博士的支持而得以呈现。她是我的亲密战友、第一位读者、崇拜的偶像和同被学术界抛弃的伙伴。25 年前，她以出色的会议演讲照亮了我的人生，而今，她仍以千百种全新的方式影响着我。我们家的规矩是：每次只能有一人发疯。在我写书的过程中，诺拉已经超额完成了她的"维稳"任务。她每天都启发着我。

这本书并没有完结。不管在生态系统中扮演着什么角色，你们都肩负着自己的使命。我希望你们清楚"捕食者"隐匿何处，也希望你们更善于把握自身所需和所创造的资源。兴衰与共，一切掌握在你们手中。

参考文献

"About Grumpy Cat", http://www.grumpycat.com/about. Accessed February 22, 2018.

American Association of University Professor, *1940 Statement of Principles on Academic Freedom and Tenure*, Washington: American Association of University Professors, http://www.aaup.org/report/1940-statement-principles-academic-freedom-and-tenure.

American Association of University Professor, "Higher Education at a Crossroads: The Economic Value of Tenure and the Security of the Profession: The Annual Report on the Economic Status of the Profession, 2015—16", *Academe*, March—April 2016, 9—23, http://www.aaup.org/sites/default/files/2015-16EconomicStatusReport.pdf.

American Association of University Professor, "Visualizing Change: The Annual Report on the Economic Status of the Profession, 2016—17", *Academe* (March—April 2017) : 4—26, http://www.aaup.org/file/FCS_2016-17.pdf.

American Bar Association, Commission on Women in the Profession, *A Current Glance at Women in the Law, January 2017*, Chicago: American Bar Association, 2017, http://www.americanbar.org/content/dam/aba/marketing/women/current_glance_statistics_january2017.quthcheckdam.pdf.

American Honda Motor Company, "Honda Honors its Top North

American Suppliers", *News & Views* (May 3, 2016), http://news. honda.com/newsandviews/article.aspx?id=8978-en.

Amir, Rabah, and Malgorzata Knauff, "Ranking Economics Departments Worldwide on the Basis of PhD Placement", *Review of Economics and Statistics* 90, No.1 (2008): 185—190.

Anft, Michael, "The STEM Crisis: Reality or Myth?", *Chronicle of Higher Education* (November 11, 2013), http://www.chronicle.com/ article/The-STEM-Crisis-Reality-or/142879.

Anyon, Jean, "Social Class and the Hidden Curriculum", *Journal of Education* 162, No.1 (winter 1980): 67—92, http://www.jstor.org/ stable/42741976.

Archibald, Robert B., and David H. Feldman, "State Higher Education Spending and the Tax Revolt", *Journal of Higher Education* 77, No.4 (July—August 2006): 618—644, http://www.jstor.org/ stable/3838710.

Association of Public and Land-Grant Universities, "LIFT, APLU, and NCMS Create Expert Educator Team to Align Higher Education Curricula with Manufacturing Workforce Needs", *News and Media*, February 22, 2017, http://www.aplu.org/news-and-media/News/lift-aplu-and-ncms-create-expert-educator-team.

Barker, Roger, and Paul Gump, *Big School, Small School: High School Size and Student Behavior*, Palo Alto, CA: Stanford University Press, 1964.

Bauer-Wolf, Jeremy, "Harvey Mudd Cancels Classes after Student Protest over Issues of Race, Workload, and More", Inside Higher Ed, April 18, 2017, https://www.insidehighered.com/ news/2017/04/18/harvey-mudd-cancels-classes-after-student-protests-over-issues-race-workload-and.

Bauman, Dan, Tyler Davis and Brian O'Leary, "Executive Compensation at Private and Public Colleges", *Chronicle of Higher Education*,

July 15, 2018, http://www.chronicle.com/interactives/executive-compensation#id=table_public_2017.

Benton, Thomas H.,〔William Pannapacker, pseud.〕, "Graduate School in the Humanities: Just Don't Go", *Chronicle of Higher Education*, January 30, 2009, http://www.chronicle.com/article/Graduate-School-in-the/44846.

Birmingham, Kevin, "The Great Shae of Our Profession: How the Humanities Survive on Exploitation", *Chronicle of Higher Education*, February 12, 2017, http://www.chronicle.com/article/The-Great-Shame-of-Our/239148.

Blagg, Kristin, and Matthew M. Chingos, *Choice Deserts: How Geography Limits the Potential Impact of Earnings Data on Higher Education*, Washington: Urban Institute, 2016.

Bousquet, Marc, *How the University Works: Higher Education and the Low-Wage Nation*, New York: NYU Press, 2008.

Bowker/ProQuest, "Self-Publishing in the United States, 2010—2015", http://media.bowker.com/documents/bowker-selfpublishing-report2015.pdf.

Boylan, Hunter R., Barbara J. Calderwood, ad Barbara S. Bonham, *College Completion: Focus on the Finish Line*, Boone, NC: National Center for Developmental Education, Appalachian State University, 2017. https://ncde.appstate.edu/sites/ncde.appstate.edu/files/College%20 completion%20w%20pg.%201%20bjc%20suggestion.pdf.

Brouillette, Sarah, "Academic Labor, The Aesthetics of Management, and the Promise of Autonomous Work", Nonsite. org9（May 2013）, http://nonsite.org/article/aca.

Brown, Sarah, and Karin Fischer, "A Dying Town", *Chronicle of Higher Education*, December 29, 2017, http://www.chronicle.com/interactives/public-health.

Bunker Hill Community College, "Financial Statements and

Management's Discussion and Analysis, June 30, 2016", http://
www.bhcc.mass.edu/media/01-collegepublications/auditreports/
BHCC-FY-2016-Final.pdf.

Burning Glass Technologies, "Moving the Goalposts: How Demand
for a Bachelor's Degree is Reshaping the Workforce", September
2014, http://burning-glass.com/wp-content/uploads/Moving_the_
Goalposts.pdf.

California Community Colleges Chancellor's Office, "Annual/Term
Student Count Report", Management Information Systems Data
Mart, accessed February 21, 2018, http://datamart.cccco.edu/
Students/Student_Term_Annual_Count.aspx.

Campus Compact, *Office for the Community Agenda: A Model of
Campus Support for Community Engagement*, Program Models,
accessed February 21, 2018, https://compact.org/resource-posts/
office-for-the-community-agenda-a-model-of-campus-support-for-
community-engagement/.

Carnevale, Anthony P., Tamara Jayasundera, and Artem Gulish,
America's Divided Recovery: College Haves and Have-Nots,
Washington: Georgetown University Center on Education and the
Workforce, 2016.

Cawley, John, "Job-Market Mentor: The Interdisciplinary PhD",
Chronicle Vitae, February 23, 2015, https://chroniclevitae.com/
news/914-job-market-mentor-the-interdisciplinary-ph-d.

Cech, Erin A., "Ideological Wage Inequalities? The Technical/Social
Dualism and the Gender Wage Gap in Engineering", *Social Forces*
91, No.4 (June 2013): 1147—1182.

Center for Community College Student Engagement, *Contingent
Commitments: Bringing Part-Time Faculty into Focus,* Austin:
University of Texas at Austin, Program in Higher Education
Leadership, 2014.

Center for Postsecondary Research, *2015 Update Facts & Figures*, Indiana University School of Education, February 2016, http://carnegieclassifications.iu.edu/downloads/CCIHE2015-FactsFigures-01Feb16.pdf.

Chace, William M., "The Decline of the English Department: How it Happened and What Could be Done to Reverse it", *American Scholar* 78, No.4（Autumn 2009）: 32—42, http://www.jstor.org/stable/41222100.

Chen, Grace, "Why Community College Students are Taking Classes at Midnight", *Community College Review*, September 4, 2017, https://www.communitycollegereview.com/blog/why-community-college-students-are-taking-classes-at-midnight.

Chronicle of Higher Education, "Adjunct Salaries, 2-Year Public", *Chronicle Data*, http://data.chronicle.com/category/sector/4/adjunct-salaries/.

Clauset, Aaron, Samuel Arbesman, and Daniel B. Larremore, "Systematic Inequality and Hierarchy in Faculty Hiring Networks", *Science Advances* 1（2015）, http://advances.sciencemag.org/content/1/1/e1400005.

Claypool, Vicki Hesli, Brian David Jannsen, Dongkyu Kim, and Sara McLaughlin Mitchell, "Determinants of Salary Dispersion among Political Science Faculty: The Differential Effects of Where You Work（Institutional Characteristics）and What You Do（Negotiate and Publish）", *PS: Political Science and Politics* 50, No.1（January 2017）: 146—156, https://doi.org/10.1017/S104909651600233X.

Coalition on the Academic Workforces, *A Portrait of Part-Time Faculty Members: A Summary of Findings on Part-Time Faculty Respondents to the Coalition on the Academic Workforce Survey of Contingent Faculty Members and Instructors*, June 2012, http://www.academicworkforce.org/CAW_portrait_2012.pdf.

Coleman, Harvey J., *Empowering Yourself: The Organizational Game Revealed*, Atlanta: Coleman Management Consultants, 1996.

College Board, "Average Published Undergraduate Charges by Sector, 2016—17", https://trends.collegeboard.org/college-pricing/figures-tables/average-published-undergraduate-charges-sector-2016-17.

College Board, "Class of 2016 Data", https://reports.collegeboard.org/ap-program-results/class-2016-data.

College Board, "Trends in College Pricing 2017", https://trends.collegeboard.org/sites/default/files/2017-trends-in-college-pricing_1.pdf.

College Board, "Tuition and Fees and Room and Board over Time, 1976—77 to 2016—17, Selected Years", https://trends.collegeboard.org/college-pricing/figures-tables/tuition-and-fees-and-room-and-board-over-time-1976-77_2016-17-selected-years.

College for America, *Meet the Advisors & Reviewers: Learning and Development Support from Coaches and Academic Reviewers*, Southern New Hampshire University, 2017, http://collegeforamerica.org/for-students/learning-and-development-coaches-and-reviewers/.

Commission on Institutions of Higher Education, New England Association of Schools and Colleges, *Standards for Accreditation*, revised 2016, https://cihe.neasc.org/sites/cihe.easc.org/files/downloads/Stanfords/Standards_for_Accreditation.pdf.

Cooper Marcus, Clare, and Wendy Sarkissian, *Housing as if People Mattered*, Berkeley: University of California Press, 1988.

Cortiella, Candace, and Sheldon H. Horowitz, *The State of Learning Disabilities: Facts, Trends and Emerging Issues,* New York: National Center for Learning Disabilities, 2014.

Cotti, Chad, John Gordanier, and Orgul Ozturk, "Class Meeting Frequency, Start Times, and Academic Performance", *Economics*

of Education Review 62（2018）: 12—15, http://dx.doi.org/10.1016/
j.econedurev.2017.10.010.

Council of Graduate Schools, "University Leaders Issue Statement
on Interdisciplinarity in Graduate Education and Research",
September 10, 2014, http://cgsnet.org/sites/default/files/press_
release_2014_Global_Summit_final.pdf.

Council of Graduate Schools and Educational Testing Service, *The Path
Forward: The Future of Graduate Education in the United States*,
Report from the Commission on the Future of Graduate Education in
the United States, Princeton NJ: Educational Testing Service, 2010.

Delphi Project, *Faculty Matter: Selected Research on Connections
between Faculty-Student Interaction and Student Success*,
University of Southern California, Delphi Project, 2013, https://
pullias.usc.edu/wp-content/uploads/2013/10/Delphi-NTTF_
Annotated-Research-Summary_2013WebPDF.pdf.

Delphi Project, *Review of Selected Policies and Practices and
Connections to Student Learning*, University of Southern
California, Delphi Project, 2013, https://pullias.usc.edu/wp-
content/uploads/2013/07/Delphi-NTTF_Conditions-Students-
Summary_2013WebPDF.pdf.

Desrochers, Donna M., and Steven Hurlburt, *Trends in College
Spending: 2003—2013: Where Does the Money Come From?
Where Does it Go? What Does it Buy?* Washington: American
Institutes for Research, Delta Cost Project, 2016.

Desrochers, Donna M., and Rita Kirshstein, *Labor Intensive or Labor
Expensive? Changing Staffing and Compensation Patterns in
Higher Education*, Washington: American Institutes for Research,
Delta Cost Project, 2014.

Duke University, "Culture of Champions", Duke Undergraduate
Admissions, accessed February 20, 2018, http://admissions.duke.

edu/experience/champions.

Dunn, Syndi, "Colleges Are Slashing Adjuncts' Hours to Skirt New Rules on Health-Insurance Eligibility", *Chronicle of Higher Education*, April 22, 2013, http://www.chronicle.com/article/Colleges-Curb-Adjuncts-Hours/138653/.

Earle, Beverley, and Marianne DelPo Kulow, "The 'Deeply Toxic' Damage Caused by the Abolition of Mandatory Retirement and its Collision with Tenure in Higher Education: A Proposal for Statutory Repair", *University of Southern California Interdisciplinary Law Journal* 24, No.2 (January 2015): 369—418, http://gould.usc.edu/why/students/orgs/ilj/assets/docs/24-2-Earle.pdf.

The Economist, "The Disposable Academic", December 16, 2010, http://www.economist.com/node/17723223.

EdTechXGlobal, "Global Report Predicts Edtech Spend to Reach $252bn by 2020", May 25, 2016, http://www.prnewswire.com/news-releases/global-report-predicts-edtech-spend-to-reach-252bn-by-2020-580765301.html.

Emmons, William, "Older Workers Account for All Net Job Growth since 2000", Federal Reserve Bank of St. Louis, January 15, 2018, https://www.stlouisfed.org/on-the-economy/2018/january/older-workers-account-almost-all-job-growth-2000.

Eshenroder, Randy L., and Kathryn L. Amatangelo, "Reassessment of the Lake Trout Population Collapse in Lake Michigan during the 1940s", Technical Report 65, Ann Arbor: Great Lakes Fishery Commission, 2002.

Federal Water Pollution Control Administration, *The Alewife Explosion: The 1967 Die-off in Lake Michigan*, Chicago: Federal Water Pollution Control Administration, 1967.

Fichtenbaum, Rudy, and Howard Bunsis, "Analyzing University and College Financial Statements: How Faculty Can Understand More about University and College Finances", Presentation at the American Association of University Professors Summer Institute, 2014, http://www.hartford.edu/academics/faculty/aaup/files/Appendix-III-Rudy_Howard_Financial_Overview_SI_2014_final.pdf.

Field, Kelly, "Stretched to Capacity: What Campus Counseling Centers are Doing to Meet Rising Demand", *Chronicle of Higher Education*, November 6, 2016, http://www.chronicle.com/article/Stretched-to-Capacity/238314.

Finkelstein, Jonathan, Erin Knight, and Susan Manning, *The Potential and Value of Using Digital Badges for Adult Learners*, Washington: American Institute for Research, 2013, https://lincs.ed.gov/publications/pdf/AIR_Digital_Badge_Report_508.pdf.

Fischer-Baum, Reuben, "Is Your State's Highest-Paid Employee a Coach? (Probably)", *Deadspin Sports*, May 9, 2013, https://deadspin.com/infographics-is-your-states-highest-paid-employee-a-co-489635228.

Flaherty, Colleen, "Article Sparks New Round of Criticism of Costs Associated with Academic Conference", *Inside Higher Ed*, July 25, 2017, https://www.insidehighered.com/news/2017/07/25/article-sparks-new-round-criticism-costs-associated-academic-conferences.

Forbes, "Justin Bieber", Profile, June 12, 2017, https://www.forbes.com/profile/justin-bieber/.

Fox, Lori E., "What Keeps Your Lawyers Awake at Night?" *Trusteeship*, September/October 2016, https://www.agb.org/trusteeship/2016/septemberoctober/what-keeps-your-lawyers-awake-at-night#.

Frank, Robert H., *Success and Luck: Good Fortune and the Myth of Meritocracy*, Princeton, NJ: Princeton University Press, 2016.

Frederickson, Caroline, "There is No Excuse for How Universities Treat Adjuncts", *Atlantic Monthly*, September 15, 2015, https://www.theatlantic.com/business/archive/2015/09/higher-educationcollege-adjunct-professor-salary/404461/.

Fry, Erika, and Nicolas Rapp, "This is the Average Pay at Lyft, Uber, Airbnb and More", Fortune, June 27, 2017, http://fortune. com/2017/06/27/average-pay-lyft-uber-airbnb/.

Gasman, Marybeth, "The Five Things No One Will Tell You About Why Colleges Don't Hire More Faculty of Color", Hechinger Report, September 20, 2016, http://hechingerreport.org/five-things-no-one-will-tell-colleges-don't-hire-faculty-color/.

Gavilan College, "Career Technical Education", Gavilan College, Academic Programs, accessed February 22, 2018, https://www. gavilan.edu/academic/cte/index.php.

Gee, Alastair, "Facing Poverty, Academics Turn to Sex Work and Sleeping in Cars", The Guardian, September 28, 2016, https:// www.theguardian.com/us-news/2017/sep/28/adjunct-professors-homeless-sex-work-academia-poverty.

Gladwell, Malcolm, Outliers: The Story of Success, New York: Little, Brown, 2008.

Goldsmith, John A., John Komlos, and Penny Schine Gold, The Chicago Guide to Your Academic Career, Chicago: University of Chicago Press, 2001.

Golnari, Golshan, Yanhua Li, and Zhi-Li Zhang, "What Drives the Growth of YouTube? Measuring and Analyzing the Evolution Dynamics of YouTube Video Uploads", Sixth Annual ASE Conference on Social Computing, 2014, https://www.researchgate. net/publiction/263654088_What_Drives_the_Growth_of_YouTube_ Measuring_and_Analyzing_the_Evolution_Dynamics_of_YouTube_ Video_Uploads.

Government Accountability Office, "Students Need More Information to Help Reduce Challenges in Transferring College Credits", Report to Congressional Requesters, GAO-17-574, Washington:

Government Accountability Office, 2017, http://www.gao.gov/assets/690/686530.pdf.

Green, Francis, and Yu Zhu, "Overqualification, Job Dissatisfaction, and Increasing Dispersion in the Returns to Graduate Education", *Oxford Economic Papers* 62, No.4（2010）: 740—763, https://www.kent.ac.uk/economics/documents/GES%20Background%20Documents/overeducation/Overeducation.pdf.

Harvard College, *A Brief Profile of the Admitted Class of 2021*, Harvard College Admissions and Financial Aid, accessed February 21, 2018, https://college.harvard.edu/admissions/admissions-statistics.

Heller, Janet Ruth, "Contingent Faculty and the Evaluation Process", *College Composition and Communication* 64, No.1（September 2012）: A8—A12, http://www.jstor.org/stable/23264922.

Hensel, Nancy ed. *Characteristics of Excellence in Undergraduate Research*, Washington: Council on Undergraduate Research, 2012, http://www.cur.org/assets/1/23/COEUR_final.pdf.

Henshaw, Alexis, "The Challenges for Adjuncts When Supporting and Counseling Sexual Assault Victims", *Inside Higher Ed*, June 23, 2017, https://www.insidehighered.com/advice/2017/06/23challenges-adjuncts-when-supporting-and-counseling-sexual-assault-victims-essay.

Higher Education Compliance Alliance, Compliance Matrix, Last updated June 2017, http://www.higheredcompliance.org/matrix.

Higher Learning Commission, Determining Qualified Faculty through HLC's Criteria for Accreditation and Assumed Practices: Last updated March 2016, http://download.hlcommission.org/FacultyGuidelines_2016_OPB.pdf.

Holbrook, Karen A., and Paul R. Sanberg, "Understanding the Higher Cost of Success in University Research", *Technological Innovations* 15（December 2013）: 269—280, doi:10.3727/194982

413X13790020922068.

House Committee on Education and the Workforce, Democratic Staff, *The Just-in-Time Professor: A Staff Report Summarizing eForum Responses on the Working Conditions of Contingent Faculty in Higher Education,* Washington: United States House of Representatives, 2014.

Hudd, Suzanne S., Caroline Apgar, Eric Franklyn Bronson, and Renée Gravois Lee, "Creating a Campus Culture of Integrity: Comparing the Perspectives of Full-and Part-time Faculty", *Journal of Higher Education* 80, No.2 (March—April 2009) : 146—177, http://www.jstor.org/stable/2551110.0.

Hurlburt, Steven, and Michael McGarrah, *The Shifting Academic Workforce: Where are the Contingent Faculty?* Washington: American Institutes for Research, 2016, https://www.deltacostproject.org/sites/default/files/products/Shifting-Academic-Workforce-November-2016_0.pdf.

Industrial Workers of the World, General Executive Board, *Unemployment and the Machine*, Chicago: IWW, June 1934.

Irvine, Chris, "Sir Salman Rushdie: 'Fifty Shades of Grey Makes Twilight Look like War and Peace'", *Telegraph*, October 9, 2012, http://www.telegraph.co.uk/culture/books/booknews/9596577/Sir-Salman-Rushdie-Fifty-Shades-of-Grey-makes-Twilight-look-like-War-and-Peace.html.

Isabell, Lori, "A Professor Examiners Why her Students seem to Act so Helpless", *Inside Higher Ed*, March 14, 2017, https://www.insidehighered.com/advice/2017/03/14/professor-examiners-why-her-students-seem-act-so-helpless-essay.

Jacobs, Ken, Ian Perry, and Jenifer MacGillvary, *The High Public Cost of Low Wages: Poverty-Level Wages Cost U. S. Taxpayers $152.8 Billion Each Year in Public Support for Working Families*, Berkeley:

UC Berkeley Center for Labor Research and Education, 2015, http://laborcenter.berkeley.edu/pdf/2015/the-high-public-cost-of-low-wages.pdf.

Jaschik, Scott, "Bias Against Older Candidates", *Inside Higher Ed*, December 17, 2008, https://www.insidehighered.com/news/2008/12/17/age.

Jaschink, Scott, "The 2017 Survey of Admissions Directors: Pressure All Around", *Inside Higher Ed*, September 13, 2017, https://www.insidehighered.com/news/survey/2017-survey-admissions-directors-pressure-all-around.

Jason, Zak, "A Brief History of Nursing Simulation", Boston College, Connell School of Nursing, May 25, 2015, https://www.bc.edu/bc-web/schools/cson/cson-news/Abriefhistoryofnursingsimulation.html.

Jenkins, Davis, and John Fink, *Tracking Transfer: New Measures of Institutional and State Effectiveness in Helping Community College Students Attain Bachelor's Degrees*, Community College Research Center, Teachers College, Columbia University, 2016, https://ccrc.tc.columbia.edu/publications/tracking-transfer-institutional-state-effectiveness.html.

"Joint Statement on the Transfer and Award of Credit", American Association of Collegiate Registrars ad Admissions Officers, Council for Higher Education Accreditation, and American Council on Education, October 2, 2017, http://www.acenet.edu/news-room/Pages/Joint-Statement-on-the-Transfer-and-Award-of-Credit.aspx.

June, Audrey Williams, "Why Colleges Still Scarcely Track Ph.D.s", *Chronicle of Higher Education*, August 14, 2016, http://www.chronicle.com/article/Why-Colleges-Still-Scarcely/237412.

Kelsky, Karen, "The Professor is in: The Curse of the Interdisciplinary Ph.D.", *Chronicle Vitae*, June 16, 2014, https://chroniclevitae.com/news/548-the-professor-is-in-the-curse-of-the-interdisciplinary-ph-d.

Kelsky, Karen, "Sexual Harassment in the Academy: A Crowdsource Survey", https://docs.google.com/spreadsheets/d/1S9KShDLvU7C-KkgEevYTHXr3F6lnTenrBsS9yk-8C5M/edit#gid=1530077352.

Knight Commission on Intercollegiate Athletics, *Restoring the Balance: Dollars, Values, and the Future of College Sports*, Miami: John S. and James L. Knight Foundation, June 2010.

Kovalik, Daniel, "Death of an Adjunct", *Pittsburgh Post-Gazette*, September 18, 2013, http://www.post-gazette.com/opinion/Op-Ed/2013/09/18/Death-of-an-adjunct/stories/201309180224.

Kreier, Tim, "Slaves of the Internet, Unite!", *New York Times*, Sunday Review, October 26, 2013, http://www.nytimes.com/2013/10/27/opinion/sunday/slaves-of-the-internet-unite.html.

Kruvelis, Melanie, Lindsey Reichlin Cruse, and Barbara Gault, *Single Mothers in College: Growing Enrollment, Financial Challenges, and the Benefits of Attainment*, Briefing Paper C460, Washington: Institute for Women's Policy Research, 2017, https://iwpr.org/publications/single-mothers-college-growing-enrollment-financial-challenges-benefits-attainment/.

Kuehn, Kathleen, and Thomas F. Corrigan, "Hope Labor: The Role of Employment Prospects in Online Social Production", *The Political Economy of Communication* 1, No.1, (2013): 9—25.

Kulis, Stephen, "Gender Segregation among College and University Employees", *Sociology of Education* 70, No.2 (April 1997): 151—173, http://www.jstor.org/stable/2673161.

Labaree, David F., *A Perfect Mess: The Unlikely Ascendancy of American Higher Education,* Chicago: University of Chicago Press, 2017.

Larson, Richard C., Navid Ghaffarzadegan, and Yi Xue, "Too Many PhD Graduates or Too Few Academic Job Openings: The Basic Reproductive Number R_0 in Academia", *Systems Research and Behavioral Science* 31, No.6 (2014): 745—750. doi: 10.1002/

sres.2210.

Leader, Chari A., "The Good Business of Transfer", *New England Journal of Higher Education*, February 10, 2010, http://www.nebhe.org/thjournal/the-good-business-of-transfer/.

Levanon, Asaf, Paula England, and Paul Allison, "Occupational Feminization and Pay: Assessing Causal Dynamics using 1950—2000 US Census Data", *Social Forces* 88, No.2（December 2009）: 865—891, http://www.jstor.org/stable/40645826.

Lincoln, Anne E., "The Shifting Supply of Men and Women to Occupations: Feminization in Veterinary Education", *Social Forces* 88, No.5（July 2010）: 1969—1998, http://www.jstor.org/stable/40927535.

Ma, Jennifer, and Sandy Baum, "Trends in Community Colleges: Enrollment, Prices, Student Debt, and Completion", *College Board Research Brief*, April 2016, https://trends.collegeboard.org/sites/default/files/trends-in-community-colleges-research-brief.pdf.

Mandel, Hadas, "Up the Down Staircase: Women's Upward Mobility and the Wage Penalty for Occupational Feminization, 1970—2007", *Social Forces* 91, No.4（June 2013）: 1183—1207.

Mangan, Katherine, "A Simpler Path, Authors Say, Is Key to Community—College Completion", *Chronicle of Higher Education*, April 7, 2015, https://www.chronicle.com/article/A-Simpler-Path-Authors-Say/229133.

Manyika, James, Susan Lund, Jaques Bughin, Kelsey Robinson, Jan Mischke, and Deepa Mahajan, *Independent Work: Choice, Necessity, and the Gig Economy*, San Francisco: McKinsey Global Institute, 2016.

Marcus, Jon, "Many Small Colleges Face Big Enrollment Drops. Here's One Survival Strategy in Ohio", *Washington Post*, June 29, 2017, https://www.washingtonpost.com/news/grade-point/wp/2017/06/29/

many-small-colleges-face-big-enrollment-drops-heres-one-survival-strategy-in-ohio.

Martichoux, Alix, "High Cost of Living Forces San Jose State Professor to Live in Car", *San Francisco Chronicle*, August 31, 2017, http://www.sfgate.com/local/article/High-cost-of-living-forces-San-Jose-State-12164855.php.

Massachusetts Department of Higher Education, "2016 Enrollment Estimates", *Massachusetts Department of Higher Education Date Center*, accessed February 21, 2018, http://www.mass.edu/datacenter/2016enrollmentestimates.asp.

Massachusetts Institute of Technology, "MIT Facts: Financial Data, Fiscal Year 2016", http://web.mit.edu/facs/financial.html.

Matthews, Dewayne, "In Gig Economy, It Takes More Than Grit to Get Ahead", *Lumina Foundation News & Views*, September 7, 2017, https://www.luminafoundation.org/news-and-views/the-stairs-start-at-the-second-floor.

Middlebury College, "The Cost of a Middlebury Education", *Middlebury Admissions*, accessed February 19, 2018, http://www.middlebury.edu/admissions/tuition.

Mitchell, John Cameron, director. *Shortbus*, New York: THINKFilm, 2006.

Monroe, Kristen Renwick, and William F. Chiu, "Gender Equality in the Academy: The Pipeline Problem", *PS: Political Science and Politics* 43, No.2（April 2010）: 303—308, http://www.jstor.org/stable/40646731.

National Association of College and University Business Office（NACUBO）, "U.S. and Canadian Institutions Listed by Fiscal Year（FY）2016 Endowment Market Value and Change in Endowment Market Value form FY2015 to FY2016", Revised February 2017, http://www.nacubo.org/Documents/EndowmentFiles/2016-Endowment-Market-Values.pdf.

National Center for Education Statistics, "Bachelor's Degrees Conferred by Postsecondary Institutions, by Field of Study: Selected Years 1970—71 through 2014—15", *Digest of Education Statistics*, Table 322. 10, http://nces.ed.gov/programs/digest/d16/tables/dt16_322.10.asp.

National Center for Education Statistics, "Back to School Statistics", Fast Facts, https://nces.ed.gov/fastfacts/display.asp?id=372.

National Center for Education Statistics, "College Navigator", https://nces.ed.gov/collegenavigator/.

National Center for Education Statistics, *Community Colleges: Special Supplement to The Condition of Education 2008*, NCES 2008-033, Washington: US Department of Education, 2008, https://nces.ed.gov/pubs2008/2008033.pdf.

National Center for Education Statistics, "Fall Enrollment Full Instructions", *IPED 2017—18 Data Collection System*, 2017—18 Survey Materials>Instructions, https://surveys.nces.ed.gov/ipeds/VisInstructions.aspx?survey=6&id=30074&show=all#chunk_1313.

National Center for Education Statistics, "Number of Faculty in Degree-Granting Postsecondary Institutions, by Employment Status, Sex, Control, and Level of Institution: Selected Years, Fall 1970 through Fall 2013", *Digest of Education Statistics*, table 315. 10, https://nces.ed.gov/programs/digest/d15/tables/dt15_315.10.asp.

National Center for Education Statistics, "Percentage of Persons 25 to 29 Years Old with Selected Levels of Educational Attainment, by Race/Ethnicity and Sex: Selected Years, 1920 through 2016", *Digest of Education Statistics*, Table 104. 20, https://nces.ed.gov/programs/digest/d16/tables/dt16_104.20.asp.

National Center for Education Statistics, "Percentage of Recent High School Completers Enrolled in 2-Year and 4-Year Colleges, by Income Level: 1975 through 2015", *Digest of Education Statistics*,

Table 302. 30, https://nces.ed.gov/programs/digest/d16/tables/dt16_302.30.asp.

National Center for Education Statistics, "Race/Ethnicity of College Faculty", *Fast Facts*, https://nces.ed.gov/fastfacts/display.asp?id=61.

National Center for Education Statistics, "Total Fall Enrollment in Degree-Granting Postsecondary Institutions, by Attendance Status, Sex, and Age: Selected Years, 1970 through 2025", *Digest of Education Statistics*, Table 303. 40, https://nces.ed.gov/programs/digest/d15/tables/dt15_303.40.asp.

National Center for Education Statistics, "Total Fall Enrollment in Degree-Granting Postsecondary Institutions, by Level of Enrollment, Sex, Attendance Status, and Race/Ethnicity of Student: Selected Years, 1976 through 2015", *Digest of Education Statistics*, Table 306. 10, https://nces.ed.gov/programs/digest/d16/tables/dt16_306.10.asp.

National Center for Education Statistics, "Total Fall Enrollment in Degree-Granting Postsecondary Institutions, by Attendance Status, Sex of Student, and Control and Level of Institution: Selected Years, 1970 through 2026", *Digest of Education Statistics*, Table 303. 70, https://nces.ed.gov/programs/digest/d16/tables/dt16_303.70.asp.

National Center for Health Statistics, "Vital Statistics of the United States", Centers for Disease Control and Prevention, May 2017, https://www.cdc.gov/nchs/data_access/vitalstatsonline.htm.

National Postdoctoral Association, "Recommendations for Postdoctoral Policies and Practices", Version 7-1-14. Rockville, MD: National Postdoctoral Association, 2014, http://www.nationalpostdoc.org/?recommpostdocpolicy.

National Research Council, *A Data-Based Assessment of Research-Doctorate Programs in the United States*, Washington: National Academies Press, 2011, https://doi.org/10.17226/12994.

National Science Foundation, "Doctorate Recipients from US Colleges and Universities: 1957—2015", *Survey of Earned Doctorates*, table 1, http://www.nsf.gov/statistics/2017nsf17306/data/tab1.pdf.

National Student Clearinghouse Research Center. "Snapshot Report: First-Year Persistence and Retention", National Student Clearinghouse, June 12, 2017, https://nscresearchcenter.org/snapshotreport28-first-year-persistence-and-retention/.

National Survey of Student Engagement（NSSE）, "High-Impact Practices", Indiana University Center for Postsecondary Research, http://nsse.indiana.edu/html/high_impact_practices.cfm.

Newfield, Christopher, *Unmaking the Public University: The Forty-Year Assault on the Middle Class,* Cambridge MA: Harvard University Press, 2008.

Pew Research Center, "Sharp Partisan Divisions in Views of National Institutions", *US Politics and Policy,* July 10, 2017, http://www.people-press.org/2017/07/10/sharp-partisan-divisions-in-views-of-national-institutions/.

Piper, Andrew, and Chad Wellmon, "How the Academic Elite Reproduces Itself", *Chronicle of Higher Education,* October 8, 2017, http://www.chronicle.com/article/How-the-Academic-Elite/241374.

Pope, Loren, *Colleges That Change Lives,* New York: Penguin, 1996.

Raschke, Carl, "'There Are No Jobs': Common Fallacies and Facts about Getting an Academic Job in Religion or Theology", *The Order Journal,* November 30, 2014, https://theotherjournal.com/2014/11/30/there-are-no-jobs-common-fallacies-and-facts-about-getting-a-phd-in-religion-or-theology/.

Redford, Jeremy, and Kathleen Mulvaney Hoyer, *First-Generation and Continuing-Generation College Students: A Comparison of High School and Postsecondary Experiences,* NCES 2018-009, National

Center for Education Statistics, September 2017, https://nces. ed.gov/pubsearch/pubsinfo.asp?pubid=2018009.

Reed College, "Doctoral Degree Productivity", Reed College Institutional Research, *Facts about Reed*, accessed February 20, 2018, https://www.reed.edu/ir/phd.html.

Reed, Matt [writing under the pseudonym "Dean Dad"] , "Meritocracy and Hiring", *Inside Higher Ed*, "Confessions of a Community College Dean" blog, January 31, 2011, https://www.insidehighered. com/blogs/confessions_of_a_community_college_dean/ meritocracy_and_hiring.

Rhodes, Gary, "Higher Education in a Consumer Society", *Journal of Higher Education* 58, No.1 (January—February 1987) : 1—24, http://www.jstor.org/stable/1981387.

Rhodes, Gary, and Sheila Slaughter, "Academic Capitalism, Managed Professionals, and Supply-Side Higher Education", *Social Text* 51 (summer 1997) : 9—38, http://www.jstor.org/stable/466645.

Ritter, Kelly, " 'Ladies Who Don't Know Us Correct our Papers' : Postwar Lay Reader Programs and Twenty-First Century Contingent Labor in First-Year Writing", *College Composition and Communication* 63, No.3 (February 2012) : 387—419, http://www. jstor.org/stable/23131595.

Roach, Michael, and Henry Sauermann, "The Declining Interest in an Academic Career", *PLoS ONE* 12, No.9 (2017) , https://doi. org/10.1371/journal.pone.0184130.

Rodriguez, Olga, Marisol Cuellar Mejia, and Hans Johnson, *Determining College Readiness in California's Community Colleges: A Survey of Assessment and Placement Policies,* San Francisco and Sacramento: Public Policy Institute of California, November 2016, http://www.ppic.org/publication/determining-college-readiness-in-californias-community-colleges-a-survey-of-assessment-andplacement-policies/.

Roska, Josipa, "Double Disadvantage or Blessing in Disguise? Understanding the Relationship between College Major and Employment Sector", *Sociology of Education* 78, No.3（July 2005）: 207—32, http://www.jstor.org/stable/4148915.

Ryan, Camille L, and Kurt Bauman, "Educational Attainment in the United States: 2015", Washington: United States Census, March 2016, https://www.census.gov/content/dam/Census/library/publications/2016/demo/p20—578.pdf.

Samuels, Robert, "Nontenured Faculty Should Not Be Assessed by Student Evaluations in This Politically Charged Era", *Inside Higher Ed*, April 24, 2017, https://www.insidehighered.com/views/2017/04/24/nontenured-faculty-should-not-be-assessed-student-evaluations-politically-charged.

Sano-Franchini, Jennifer, "'It's Like Writing Yourself into a Codependent Relationship with Someone Who Doesn't Even Want You!' : Emotional Labor, Intimacy, and the Academic Job Market in Rhetoric and Composition", *College Composition and Communication* 68, No.1（September 2016）: 98—124.

Sartre, Jean-Paul, "A Plea for Intellectuals", In *Between Existentialisam and Marxism*, 228—85, New York: William Morrow, 1976.

Schibik, Timothy, and Charles Harrington, "Caveat Emptor: Is There a Relationship between Part-Time Faculty Utilization and Student Learning Outcomes and Retention?", *AIR Professional File*, #91（Spring 2004）, Washington: Association for Institutional Research, https://files.eric.ed.gov/fulltext/ED512352.pdf.

Shapiro, Doug, Afet Dundar, Phoebe Khasiala Wakhungu, Xin Yuan, and Autumn T. Harrell, *Transfer & Mobility: A National View of Student Movement in Postsecondary Institutions, Fall 2008 Cohort*, Signature Report No.9, Herndon, VA: National Student

Clearinghouse Research Center, 2015.

Simon, Cecelia Capuzzi, "Why Writers Love to Hate the M.F.A", New York Times, April 9, 2015, https://www.nytimes.com/2015/04/12/education/edlife/12edl-12mfa.html?_r=0.

Smith, Aaron, and Monica Anderson, "Online shopping and e-commerce", Pew Research Center, December 19, 2016, http://www.pewinternet.org/2016/12/19/online-shopping-and-e-commerce/.

Smith, Ashley A., "Arkansas College Finds Success in Male-Dominated Fields but Wants Short-Term Pell", Inside Higher Ed, August 10, 2017, https//www.insidehighered.com/news/2017/08/10/Arkansas-college-finds-success-male-dominated-fields-wants-short-term-pell.

Smith, Ashley A., and Doug Lederman, "Enrollment Declines, Transfer Barriers: Community College Presidents' Survey", Inside Higher Ed, April 21, 2017, https://www.insidehighered.com/news/survey/community-college-presidents-surveyed-enrollment-recruitment-pipeline.

State Council of Higher Education for Virginia, "Statement on Civic Engagement", May 31, 2017, http://www.schev.edu/docs/default-source/institution-section/GuidancePolicy/assessment/civic-engagement-meeting-2017/civic-engagement-statement.pdf.

Stewart, Davina-Lazarus, "Colleges Need a Language Shift, but Not the One You Think", Inside Higher Ed, March 30, 2017, https://www.insidehighered.com/views/2017/03/30/colleges-need-language-shift-not-one-you-think-essay.

Striped Leopard (pseudonym), "Patriarchy's Magic Trick: How Anything Perceived As Women's Work Immediately Sheds Its Value", December 13, 2013, https://cratesandribbons.com/2013/12/13/patriarchys-magic-trick-how-anything-perceived-as-womens-work-immediately-sheds-its-value/.

Supiano, Beckie, "Relationships Are Central to the Student Experience.

Can Colleges Engineer Them?" *Chronicle of Higher Education*, January 14, 2018, https://www.chronicle.com/article/Relationships-Are-Central-to/242230.

Tolentino, Jia, "How Men Like Harvey Weinstein Implicate Their Victims in Their Acts", The New Yorker, October 11, 2017, https://www.newyorker.com/culture/jia-tolentino/how-men-like-harvey-weinstein-implicate-their-victims-in-their-acts.

Toyota Motor Corporation, "How Long Does It Actually Take to Make a Car?" Children's Question Room, accessed February 21, 2018, http://www.toyota.co.jp/en/kids/faq/b/01/06/.

Tuttle, Brad, "New College Grads Could Be Looking at the Highest Starting Salaries Ever", Money, May 12, 2017, http://time.com/money/4777074/college-grad-pay-2017-average-salary/.

United States Congress, "Act of July 2, 1862（Morrill Act）, Public Law 37—108, Which Established Land Grant Colleges, 07/02/1862", *Enrolled Acts and Resolutions of Congress, 1789—1996*; Record Group 11; General Records of the United States Government; National Archives, https://www.ourdocumets.gov/doc.php?flash=false&doc=33&page=transcript.

United States Department of Agriculture, "Aquatic Species: Alewife", National Invasive Species Information Center, last modified July 19, 2017, https://www.invasive.speciesinfo.gov/aquatics/alewife.shtml.

United States Department of Education, "Strengthening Partnerships between Businesses and Community Colleges to Grow the Middle Class", Archived press release, February 5, 2016, https://www.ed.gov/news/press-release/strenghtening-partnerships-between-businesses-and-community-colleges-grow-middle-class.

University of California, "Berkeley Research Excellence; 2016—17 Research Funding Sponsors", https://vcresearch.berkeley.edu/excellence/berkeley-research-excellence.

University of North Carolina System, "Economic Engagement", https://www.northcarolina.edu/serving-locally-and-globally/economic-engagement-0.

Vermont Agency of Education, "Flexible Pathways", http://education.vermont.gov/student-learning/flexible-pathways.

Vermont State Colleges, "Presentation to the House Appropriations Committee,February 2014", http://www.leg.state.vt.us/jfo/appropriations/fy_2015/Department%20Budgets/VSC%20-%20FY%202015%20Budget%20Presentation.pdf.

Warner, John, "19 Theses on Tenure", *Inside Higher Ed,* "Just Visiting" blog, February 21, 2017, https://www.insidehighered.com/blogs/just-visiting/19-theses-tenure.

Watkins, Alfred J., "Capital Punishment for Midwestern Cities", in *The Metropolitan Midwest: Problems and Prospects for Change*, edited by Barry Checkoway and Carl V. Patton, 107—23. Champaign: University of Illinois Press, 1985.

Webber, Douglas A.,and Ronald G. Ehrenberg, "Do Expenditures Other Than Instructional Expenditures Affect Graduation and Persistence Rates in American Higher Education?", *NBER Working Paper 15216*, Cambridge: National Bureau of Economic Research, 2009, http://www.nber.org/papers/w15216.pdf.

Wellmon, Chad, and Andrew Piper, "Publication, Power, and Patronage: On Inequality and Academic Publishing", *Critically Inquiry*, updated October 2, 2017, https://criticalinquiry.uchicago.edu/publication_power_and_patronage_on_inequality_and_academic_publishing/.

Western Michigan University, *General Purpose Financial Report*, June 30, 2016, https://wmich.edu/sites/default/files/attachments/u327/2016/wmu_finreport_2016.pdf.

Wood, L. Maren, "Who Lands Tenure-Track Jobs?" https://lilligroup.com/research/.

索　引

academic freedom, 11, 51, 104—105, 161, 186. *See also* tenure

academic services, 2, 71, 93, 95—96

adjunct faculty: academic conditions, 8, 11, 75, 105—106, 111, 117; definition, 19—21; emotional conditions, 6, 11—13, 157—163; lack of enduring connection to students, 115—116; material conditions, 3—4, 120; other side gigs, 3—4, 6—7, 26, 125—127; presumed candidates for permanent employment, 14, 65—66, 124—125, 146; proportion of overall faculty, 5, 22, 24—25; types of courses and of students served, 15—16, 28, 36, 38—39, 77—78; varieties and motivations of, 22, 125—127

adjunct stipends, 2; across institutions, 77, 191n17; national average, 21; unreflective of actual effort, 9—11, 77

administrator: culture of administrative life, 64, 107—110, 117; difference between administrator and professional staff, 86—87, 93—95, 117—118, 123, 171

adult learners, *See* nontraditional students

advancement and development, 44, 90

"affluent professional" college, 41—43, 47, 79, 86, 90, 184. *See also* liberal arts colleges

age discrimination, 59—61, 177

alewife. *See* Lake Michigan, ecological instability in

alt-career, 64—65, 142, 160

American Association of University Professors, 11, 104—105. *See also*
    Coalition on the Academic Workforce

American Honda Motor Company, 123

American Institutes of Research, 87, 95

Amherst College, 90

Anyon, Jean, 32—34, 36

Aramark, 110, 121

Arkansas State University, Newport, 84

articulation agreement, 78. *See also* transfer credit

artist in residence, 5

assistant professor, 20, 26, 56, 104, 128

associate professor, 20, 104, 106, 128

Association of Institutional Research, 28

baby boomers, 53, 59, 133—135, 141, 174

badges, 85—86, 120

bait-and-switch hiring, 14, 65—67

ballistic career planning, 83

Bates College, 41

Berea College, 90

Berra, Yogi, 29

Bieber, Justin, 124

Birmingham, Kevin, 161

Blackboard, 121. See also course management system; learning
    management system

Boston College, 90

Bousquet, Marc, 52

Bowdoin College, 90

Branch Dyson, Elizabeth, 185

educational function, 77—78. *See also* working-class colleges

conferences, 20, 26, 107, 109—112, 142, 160

consumer orientation, 15, 17, 76—78, 89, 118—123, 135, 172

content provider, ix, 21, 76, 115—116, 124

contingency: as a trait of contemporary economy, 118—127, 172—173; as a trait of higher education, 17—18, 28, 73—79, 84—92, 98—99

contingent faculty, *See* adjunct faculty

Core Management Services, 121

Cornell University, 54

Corrigan, Thomas, 124

Council on Undergraduate Research（CUR）, 94, 111

course load, *See* teaching load

course management system, 10, 130—131. *See also* Blackboard

course preparation, 3, 10

cover letter, 63, 102, 160

CUNY（City University of New York）, 32, 52, 157

CV（curriculum vitae）, 63

Davidson College, 41

Davies, Peter Ho, 61, 186

degree majors, 42, 82—86, 170

Delta Cost Project, *See* American Institutes for Research（AIR）

demographic changes in student population, 75, 98, 133, 135, 168. See also baby boomers; nontraditional students; single mothers as Students

Doe Library, 62

Duke University, 29, 44, 54, 125, 158

Duquesne University, 6

ecology of higher education, 1—2, 27, 43, 47, 92

educational technology. *See* technology's role in contingency

email: as technology cost, 121, 130; as unnamed workload expectation, 10, 21, 98, 109, 119, 149

employment security: lack for adjuncts, 1, 13—14, 21, 120; loss in larger economy, 32, 125—127, 135; as part of tenure, 51, 104—105, 161

endowment, 43, 47, 70, 73, 87—92, 167. *See also* advancement and development

England, Paula, 128

executive colleges, 43—46, 47, 86—87

faculty: culture of nitpicking and delay, 107—108; shifting role of, 127; tenured and non-tenured, 19—24

faculty governance, 106—108, 150—151

faculty salaries, 20, 173

family tuition waiver, 121

Federal Reserve Bank of St. Louis, 59

Ferries State University, 48

first-generation students, 34, 38, 94

"first-time, full-time," 79. *See also* Integrated Post-secondary Education Data System（IPEDS）

fixed costs and unit costs, 75

flagship universities, *See* executive colleges

Fogel, Robert, 59

Foothill College, 118

Frank, Robert, 103

Fussell, Paul, 31, 48, 175

Gavilan College, 28—29

gender and professions, x, 127—129, 140, 173

Georgia Institute of Technology（Georgia Tech）, 44

gig economy, 124—127, 173

Gladwell, Malcolm, 60, 103

"good fit" test for hiring, 63. *See also* interdisciplinary programs

Google Scholar, 121

graduate student instructors/TAs: in college teaching force, 22—23, 26—27, 79; as part of doctoral training, 53, 61, 142

Graham, Martha, 64

Great Society, 81

Green Mountain College, 23, 158

Grinnell College, 90, 190n16

Grumpy Cat, 124

Harvard University, 31, 43—44, 54, 55, 73—74

Harvey Mudd College, 92—93

health insurance, ix, 4, 6, 10, 21, 119—120

hidden curriculum, 32—34

Higher Education Act of 1965, 81

Hiring decisions, 14, 54—55, 57—58, 62—63, 104, 128.*See also* bait-and-switch hiring

Holbrook, Karen, 92—92

hope labor, 124—125, 172

independent contractor status, 119—121

Industrial Workers of the World, 122—123

Inside Higher Ed, 88

instructor（academic rank）, 22, 76—77, 123, 128, 173

instrumental knowledge, 82, 84

Integrated Postsecondary Education Data System（IPEDS）, 22—23, 24. *See also* "first-time, full-time"

teaching load, 21, 40, 45, 57, 150. *See also* overload assignments

technology's role in contingency, 2, 87, 118—119, 121, 129—131, 146

tenure: protection of academic freedom, 104—105, 130; proxy measure
of performance, 152; source of institutional stability, 2, 19—20,
57—58; unavailable to most college employees, 123

tenure-track, *See* TT（tenure-track）and NTT（non-tenure-track）

terminal master's degrees, 38, 183, 190n13

Three-Fifths Compromise, 24

tiers of colleges, 31—49

Tolentino, Jia, 161—162

transfer credit: as force toward contingency, 42—43, 77—79, 177;
as force toward curricular uniformity, 2, 76—77, 111, 149

TT（tenure-track）and NTT（non-tenure-track）: competing interests
of, 103—106, 125, 130; definitions, 19—27, 188n9; proportions of,
128, 171, 189n4. *See also* permanent faculty; tenure tuition:
increases, 69—70, 87, 90, 167; variability across institutions,
2, 35, 38, 47

tutoring, 2—4, 26, 39

UAW（United Auto Workers）, 123

Uber, 5, 119—120, 173

UC Berkeley（University of California, Berkeley）, 6, 29, 44, 55, 62,
127, 190n8

UCLA（University of California at Los Angeles）, 44, 55, 80

undergraduate research, 2, 94, 98, 145, 150. *See also* Council on
Undergraduate Research（CUR）

unions, 9, 118—119, 134, 154, 172

United Auto Workers（UAW）, 123

university and college, difference between, 37—38, 88. *See also*
Carnegie Classification

译后记

　　曾几何时，我们对大学的美好寄托全部汇聚在"象牙塔"一词里，它是学术的殿堂、智识的堡垒、人类永恒的精神家园。然而，一个多世纪以来的风云突变，大学经历了"市场化""产业化""信息化"的多重嬗变，自告奋勇地走上经济建设的主战场。当"学以致用"取代"启蒙心智"成为高等教育的主旋律，当"标准化生产"替代"个性化培养"成为高等学府的经营之道，"象牙塔"从内到外开始坍塌已成为有目共睹的事实，而栖生于此的知识分子也难逃溃不成军的命运。

　　过去20年间，世界高等教育领域最具颠覆性的几次改革无一例外地发生在美国。而这样的颠覆必然给整个生态环境带来史无前例的、连锁反应式的巨大冲击和挑战。所幸的是，我们时不时会读到这样一本振聋发聩的书，它说出了你一直想说又不知从何说起的话。这些话可能在你心里埋藏了许久，却一直找不到任何有意义、有力量的出口。在教育行业兜兜转转十年有余的我，与此书相遇是一种机缘巧合；而作为初出茅庐的译者，能有机会把美利坚象牙塔里这位颇为失意但仍不改初心的"知情人"的真切叙述，以白纸黑字的朴素形式原原本本地向中文读者转达，更是何其幸运。那些和盘托出的喜怒哀愁，那些不为人知的院校之殇，何尝不是我（又或者是你）欲言又止的心声？

在翻译过程中，我也确实体会到了两种实实在在的苦恼：一是"二度创作"之苦，二是"感同身受"之苦。前者或许是每一位资历尚浅的译者必经之"痛"，一种在追求"得意而忘形"的理想之境的过程中，在科学和艺术之间力求平衡而往往"百思不得其解"的职业认知与行为倾向。好在我很快说服了自己——尽我所能，余下的事，当以专家前辈的指正、赐教为盼。至于第二种苦，恐怕是自己讨来的——对教育这个话题总是割舍不下却又释怀不了。从某种角度说，翻译工作的本质无疑是一种"沉浸式"体验，一次次身临其境地投入作者创设的情境氛围（即译者的工作氛围）中，而当这个主旨氛围总有充分的理由令人爱恨交加时，其吸引力和杀伤力自然也会相互捆绑、反复撕扯：

> 少数人成功上岸，大部分则被淘汰。
>
> 这是关于我们自己的故事……只有当我们承认自己是被驱逐的流亡者时，故事的结局才算完整。我们寻觅过无数条出路，内心却始终牵挂着失去的家园。我们中有许多人，仍会在各奔东西的漫漫长路上，默默悼念那个不复存在的、属于我们自己的群体。

当"象牙塔"不复存在了，或者说，当它完全披上了"金字塔"的外衣，我们如何重新看待和定义当今的教育？愿这本书能助我们开启一段新的认知与再认知的探索之旅。

最后，我想借此机会感谢责任编辑邱迪女士，以及我的友人朱狄旎娜女士给予这本译作的倾力付出。希望一切都是值得的。

杨 益

图书在版编目(CIP)数据

学历之死:美国博士消亡史/(美)赫布·柴尔德
里斯(Herb Childress)著;杨益译. —上海:上海
人民出版社,2023
书名原文:The Adjunct Underclass:How
America's Colleges Betrayed Their Faculty,Their
Students,and Their Mission
ISBN 978 - 7 - 208 - 18163 - 2

Ⅰ.①学… Ⅱ.①赫… ②杨… Ⅲ.①博士-研究生
教育-研究-美国 Ⅳ.①G643.7

中国国家版本馆 CIP 数据核字(2023)第 107422 号

责任编辑 邱 迪
封面设计 赤 祥

学历之死:美国博士消亡史
[美]赫布·柴尔德里斯 著
杨 益 译

出 版 上海 **人 民 出 版 社**
　　　　(201101 上海市闵行区号景路 159 弄 C 座)
发 行 上海人民出版社发行中心
印 刷 上海商务联西印刷有限公司
开 本 787×1092 1/32
印 张 11.5
插 页 2
字 数 177,000
版 次 2023 年 9 月第 1 版
印 次 2024 年 9 月第 4 次印刷
ISBN 978 - 7 - 208 - 18163 - 2/C·678
定 价 68.00 元